就職先はブラック企業

就職アドバイザー
恵比須半蔵

18人のサラリーマン残酷物語

JN263817

彩図社

はじめに

ここ数年でよく耳にするようになった言葉に「ブラック企業」なるものがある。

ブラック企業とは、著しく職場環境が悪く、従業員が精神的、または肉体的に追い込まれていく企業のことを指す。

インターネット上の某有名掲示板では、「ブラック企業就職偏差値ランキング」などというスレッドに多くの意見が集まり、企業名が挙げられている（ネット上の情報であることから信憑性が乏しいとして、本書では記述しない。興味のある方は自ら調べてみてほしい）。

具体的には明かせないが、私は就職・採用に携わる仕事に従事している。

毎年、就職活動に臨む学生達を見ていて、喉にものが詰まったようなもどかしい思いに駆られることがある。勇んで就活を行ない、社会に飛び出していったのはいいものの、はたしてそのうちの何割が満足のいく社会人として生きていくことができるのだろうという思いである。

毎年、5、6月頃になると、恒例行事のように「入社して1ヶ月で辞めました」「思っていた会社とまるで違っていて、もう最悪です」などという挫折した新入社員たちの嘆きが耳に飛び込んでくる。

その嘆きは、多少の差こそあれ、あらゆる業界から聞こえてくるものであり、会社の規模や表向きの経営状態などからは推し量ることができないものだ。

「その会社のどんなところがひどかったのか?」

私が質問を投げかけるとさまざまな答えが返ってくる。

「職場で陰湿ないじめがある」

「給料が安すぎて、生活することができない」

「上司からセクハラを受ける」

「月100時間の残業を強制されるが残業代はつかない」

「社長が愛人と遊んでばかりで仕事をしない」

「悪質商法を行なっていて、良心の呵責に堪えられない」

驚くべきことに、その中には誰もが知っているような有名企業の名前も少なくない。

本書の内容は、実際にブラック企業に勤めていた（在職中の方もいる）18人にインタビューを行ない、壮絶なブラック企業の内情を赤裸々に語ってもらったものである。「18人のサラリーマン残酷物語」という副題をつけたが、まさに副題を地で行く、信じがたいようなエピソードのオンパレードとなった。

企業の内情を表す指針として「激務度」「薄給度」「悪質度」を5段階で記したので、併せて読んでいただければ幸いである。

就職活動をする学生や転職を考えている方にとっては、ブラック企業に就職しないための処方箋として使え、ただ単純に「社会の現状を切り取ったノンフィクション」として読んでもらっても興味深く面白いものに仕上がっているはずだと自負している。

本書に登場する業界は多様である。

そもそも悪質であるという印象の「先物取引会社」「事業者金融」「リゾート物件販売」などといったものから、一般的には悪質というイメージの少ない「広告代理店」「英会話学校」「銀行員」などの職種も幅広く押さえた。

ただし、1つ注意しておきたいのは、本書で取り上げたからといって、「その業界全体がブラックである」とは言えないことである。ブラック度の低い業界の中にも、ブラック企業はあり、逆に、ブラック度の高い業界の中にも、健全な企業はある。人間の個性が1人1人違っているように、企業もまた独自のパーソナリティというものを持っているのだ。そのあたりのことは誤解しないでいただきたい。

また、それぞれのエピソードの扉には職種とリンクするようなイメージ写真を使わせていただいたが、これは本文中で取り扱っている企業と関係があるわけではないので、その点にも留意していただきたい。

ブラック企業はどこにでもある。

これからあなたが就職しようとしている会社かもしれないし、あなたの大学のＯＢが勤めている会社かもしれない。はたまた、あなたの会社と取引のある会社かもしれない。ひょっとしたら、今あなたのいる会社も経営者が変わったり、景気が悪化することによって、ブラック企業に様変わりするかもしれない。

長期化する不況下において企業の経営状態はますます悪くなっていくだろう。それに伴い、ブラック企業問題も深刻化すると思われる。ブラック企業問題は日本経済の暗部を映す鏡のようなものなのだ。

非正規雇用社員のみならず、正社員の大幅な人員削減。相次ぐ内定取り消し。今や多くの企業がブラック企業化し始めている。日本の現在を語るとき、もはやブラック企業は避けて通れない大きな１つの問題になってきているのだ。

就職先はブラック企業

18人のサラリーマン残酷物語

目次

第2章 地獄の中途採用編

第3章 拷問の就業中編

【第１章】

悪夢の新卒入社編

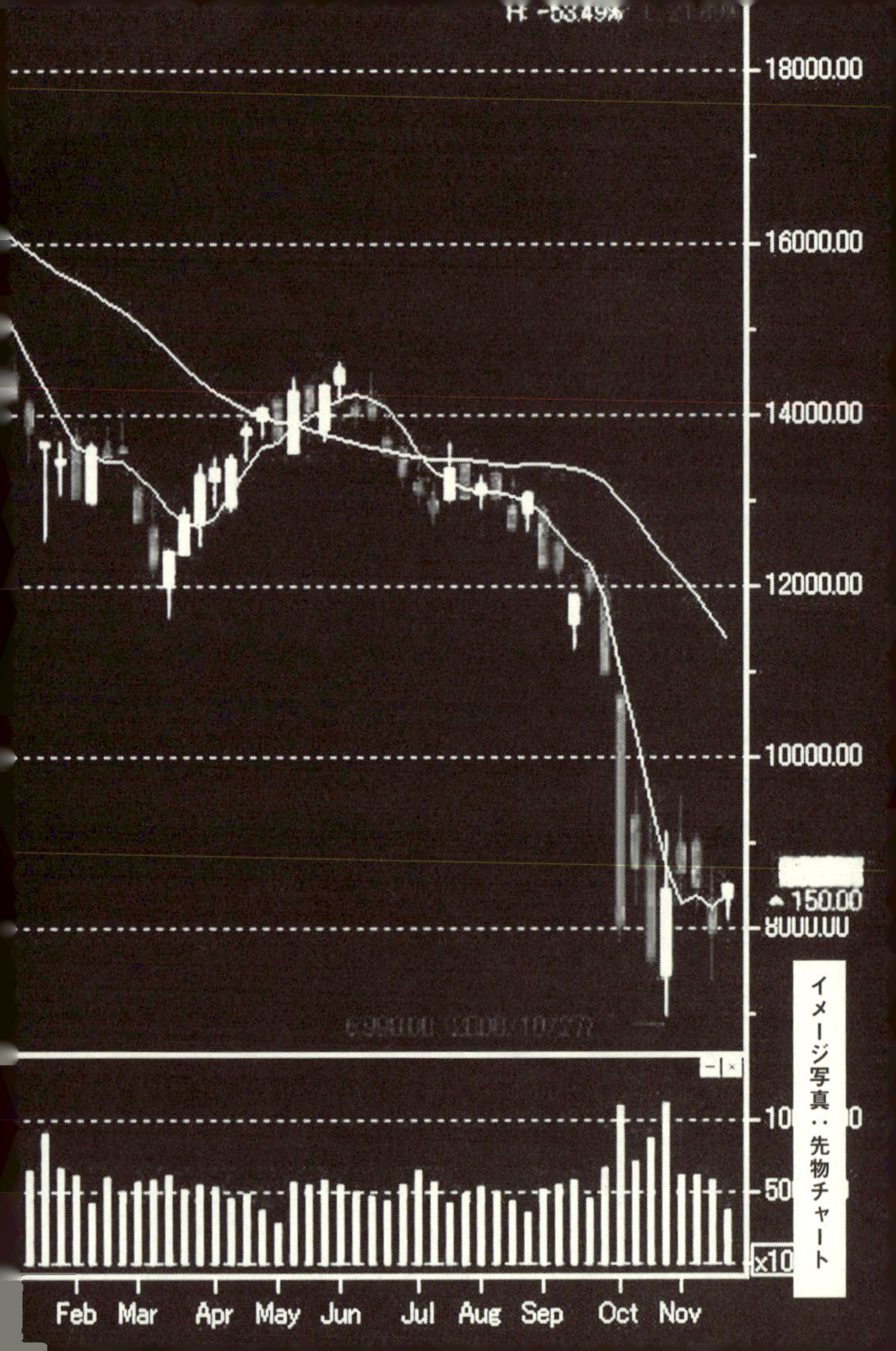

イメージ写真：先物チャート

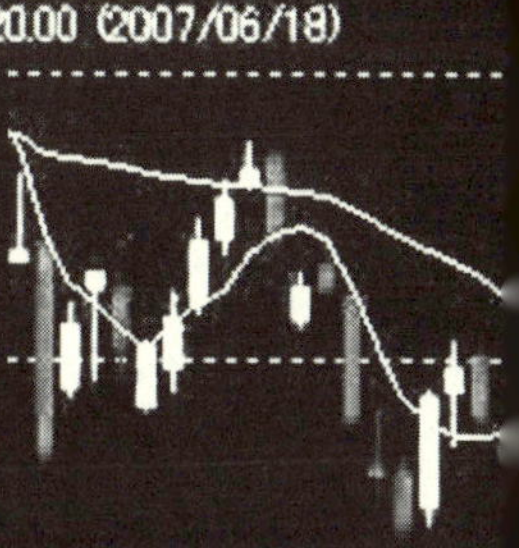

先物取引会社

岡本達弘さん（31歳・男性　就業年数：1年）

chapter.1

激務度：★★★★　薄給度：★　悪質度：★★★★
残業・休日手当：あり

仕事内容：企業の経営者、役人などの富裕層を相手に、「この商品を今買っておくと将来儲かりますよ」などと勧誘するのが仕事の基本だ。デリバティブの1つの商品なので違法ではない。ただ、いかにも確実に大金が儲かりそうなことを、間接的な表現で訴え、相手をその気にさせること、そして少しでも多く、売り買いをさせ、その手数料で利益を得ることから悪質との声も高いビジネスモデルである。

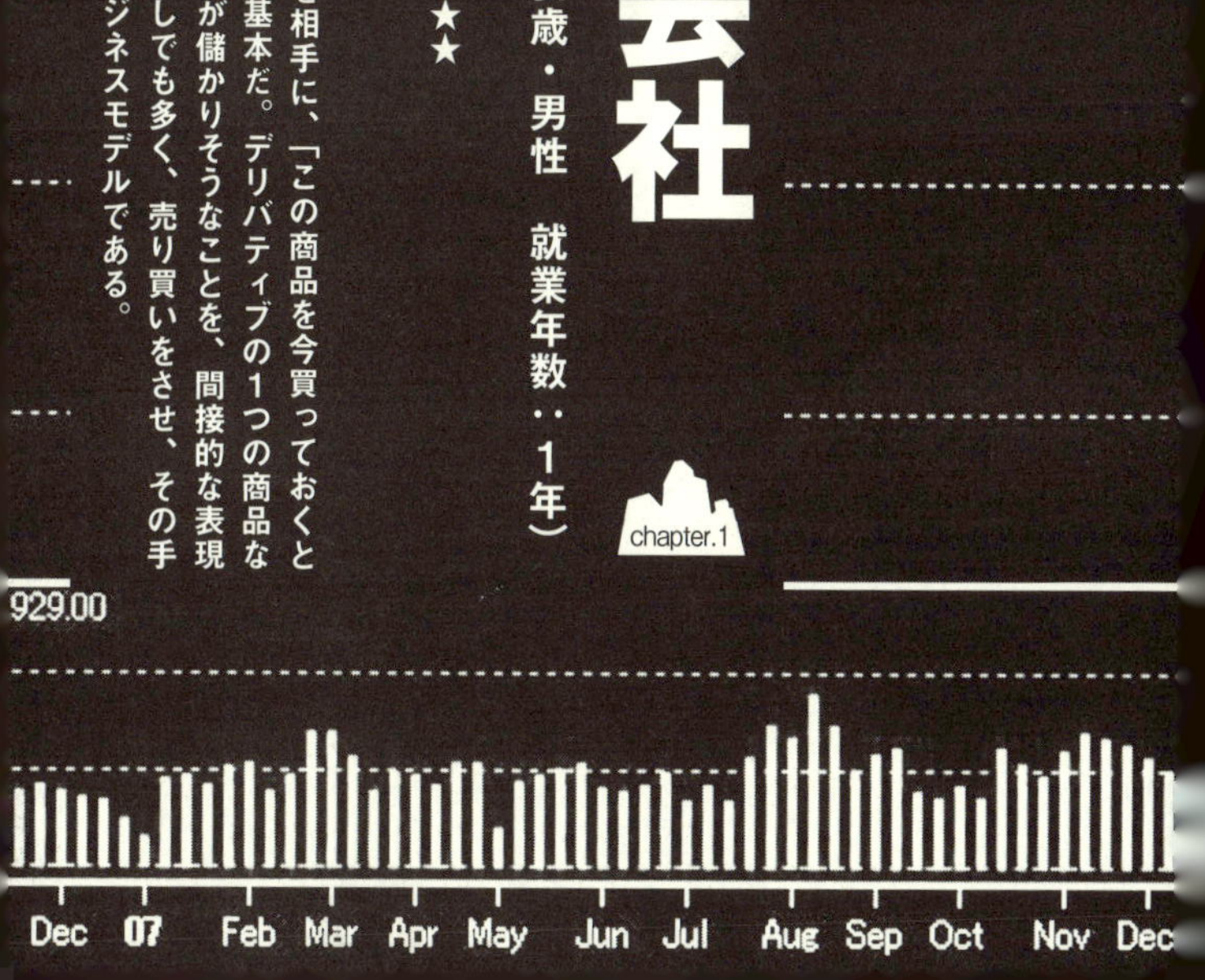

「避難訓練みたいに机の下にもぐりこんで、ひたすら朝から晩まで電話営業をかけます。」

■岡本さんとは知人の紹介で知り合った。学生時代にボクシングをやっていたという爽やかなスポーツマン。木訥な語り口から、彼の誠実な人柄が読みとれた。

その会社に内定が決まって入社すると決めたときには、友人、知人、親兄弟から、猛反対を受けました。やはりみんな先物取引にはいい印象を持っていないようです。

内々定が決まったのはかなり早かったですよ。たしか大学3年生の3月だったと思います。就職活動を始めてすぐに決まりました。当時は就職氷河期で、友達が大変だ、大変だと言っている中、拍子抜けするほど簡単に決まりましたね。

私はボクシング部に所属していたのですが、信頼しているコーチからも「絶対、止めた方がいい」「本当に行くのか？」「今からでも就職活動は間に合うから、他を回った方がいい」と散々注意を受けました。

それでも私は自分なりに企業研究をして、先物取引は新しい金融の分野の1つに過ぎず、やり方を間違えなければ、問題はないと気楽に考えていました。

内々定をもらってからすぐに、採用担当の方に呼ばれて、同期数人と銀座でしゃぶしゃぶをご馳走になったことがありました。そのときはなんて優しい会社なのだろうと思いましたが、今になって考えてみれば私たちが逃げないようにするための手段だったのですね。

入社直前に同期全員が集められ、会社の保養所のようなところで合宿がありました。実は5月に先物取引の販売資格の試験があって、それに合格するための勉強合宿です。

この「商品先物取引登録外務員」の資格を取らないと先物の販売ができないので、必死に勉強しました。私は無事に試験に合格できました。同期100人の中で落ちたのは2、3人だったと聞きます。試験の結果発表の後に各部署に配属されます。

私は第5営業部というところに配属されました。そこでは20代後半のリーダーの先輩社員、年次が2つくらい上の先輩社員、私の3人でチームが結成されました。私の仕事は電話によるアポイントメント取りです。上司から渡された名簿を元に、朝の8時半から遅いときには夜の10時過ぎまでひたすら電話をかけまくっていました。

資格試験で落ちた人間は、資格のある先輩の名前を騙って電話をしていました。

電話でアポイントメントを取った後には、その相手に会いにいくのですが、ここまでたどり着くのが非常に大変です。大企業の部長以上の方が対象になっていましたから、ダイヤルインでその人に直接電話できることはまれで、大体が事務の女性が電話を取って、取り次ぐというカタチになります。

そのときはこちらの社名は出しません。あえて声をくぐもらせて聞き取りづらいように言い、あたかもその方と知人のようなふりをして電話をかけるのがコツです。それでも取り次ぎの段階で半分くらい断られます。本人と話ができるのは5割ぐらいの確率です。

ここで初めて社名を明かして、「資産運用の件でお電話差し上げました」と切り出すのですが、ほとんどの場合「うるさい、馬鹿野郎！」「間に合っているよ」「時間がないよ」などと罵声を浴びせられて電話を切られてしまいます。中には「どうせ先物だろう」と言う方もいますが、そんなときは「そういうものも扱ってはいます」と答えます。

ここでは「とにかく一度会わせていただきたい」とだけ、伝えます。このやりとりを経て実際に会えるのは100人に電話して1人か2人ですね。

100人くらいいた同期は半年で半分以下になりました。まず電話のアポ取りの段階で20人くらい辞めていきます。電話をして何とか会うまでが非常に厳しいですからね。

アポイントメントが取れないと朝から晩までずっと電話かけの連続です。断られるとやはりショックですよ。自分の仕事を、というより自分自身の人間性を否定されたような気がします。

上司からは「なんで1本もアポが取れないんだ、この野郎!」とか「お前の同期は、もう何件もアポを取っているぞ」という、言葉によるプレッシャーがかけられます。

アポ取りの電話をしているのがつらくなると、机の下にもぐりこみます。周りの音声がうるさいのと、いくら電話をかけても断られる姿を同僚や上司に見せたくないからです。

周りの人も同じで、新入社員のほとんどが机の下に潜り込んで電話をかけている姿は異常だったと思います。やっとアポが取れて、訪問できるときは嬉しかったですね。なにしろ昼食も、弁当を買ってきて、会社の机で食べなければいけませんでしたから。

外回りのときが唯一の息抜きの時間でした。それでも会社を出るとき、相手の最寄りの駅に着いたとき、相手の働いている建物の前に着いたとき、訪問が終わったときなど節目節目で、上司に電話で報告しなくてはいけないのです。

実際にアポイント相手に会って話す内容は、会社の説明と、自分の誠実さを印象づけることくらいです。新人の私がいきなり買ってほしいと言っても無理ですからね。

会社では同僚と話せない雰囲気になっていて、たまに廊下ですれ違うと、誰が辞めただの、次はあいつだとか、そんな話ばかりでした。

同期が一緒に食事をしたり、飲みにいくのは厳禁でした。愚痴の言い合いになって、辞めていく人数が増えるので、そのようなシステムになっていたのだと思います。ちなみに同期は全員男でした。

アポイントメントが取れて訪問すると、そのお客さんがどんな調子で話を聞いてくれたか、羽振りがよさそうだったとか情報をつけて、名刺と一緒に上司に提出します。私の上司は30代半ばくらいだったたと思います。上司は、３人組のチームをいくつも統括していました。私が訪問して3日くらいすると、上司が私の名前を騙ってお客さんに電話します。

わざとうわずったようにものすごく高いテンションで「この前お会いした岡本ですが、今相場がとんでもないことになっています！　今買わないとヤバイですよ！」と熱に浮かされた調子でたたみかけます。

私たち新人はその回りで「売りだ！」「買い戻せ！」など大声で怒鳴って、相場の異常が本当であるように見せる演出をします。

これにはもう1つ理由があって、上司の声が私の声と違っていることを分からないようにするためでもありました。たった一度、それも30分くらい会っただけですから、憶えていないと思いますが、万全を期すためです。そうして「上司を連れて今すぐ伺います」ということになるのですが、実際は上司が私を連れていくことになります。

上司は、この先奇跡に奇跡が重なるとこれくらい儲かるかもしれない、という架空の右肩上がりのグラフや、先物取引で儲かっている事例の新聞記事の切り抜きを集めたスクラップを持っていき、熱心に営業します。「岡本は新人なのにノルマが全然達成できなくて、大変なんですよ。なんとかこいつを助けると思って、ほんの1口でいいので入金してくれませんか」と情に訴えます。私も涙目になって、ひたすら頭を下げます。こうやって成約に持っていくのです。

お客さんのことは「金づる」と思わないと、仕事は続けられません。上司と一緒に訪問した後のことは聞かされません。上司に聞けば、教えてくれるのだと思いますが、いちいちそんなのを気にしていたら、やっていられません。

自分がアポを取ったお客さんがどれだけ成約したかがチームのノルマになるのですが、成約数が少ないときは、会ったことのあるお客さんでまだ上司に報告していない「隠し球」を出します。このお客さんを「ストック」と呼んでいました。もう人間扱いしていないですよね。

お客さんの中には相場にのめり込んで、自己資金では足りなくなって、消費者金融からお金を借りて、悲惨な目にあった方も多いと聞きます。自殺したお客さんもいたそうです。そのお客さんの担当をしていた営業は、さすがに自責の念に耐えられなくなったのか、会社を辞めて実家に帰って農業を継いだと聞きました。

給与はよかったですよ。新入社員でも基本給が20万円以上、契約が取れるとインセンティブがついて、手取りで軽く30万円は超えましたからね。入社した年の夏のボーナスも40万円以上もらいました。

ただ精神的には非常に厳しかったです。やりがいはまったくなく、日々疲弊していくのが分かりました。会社のひどいやり口と疲労に鬱憤は溜まっていき、本当にこのまま働いていていいのかと悩む葛藤の日々を送りました。

ある日上司に、「もう耐えられません。辞めます」と伝えました。上司は「お前をここまで育てるのに、どれだけ経費がかかっているのか分かっているのか!」「そう簡単に辞められると思っているのか」「辞めたらお前の家に乗り込んでやる」など恫喝の言葉を発して怒鳴りましたが、私の辞めたいという意志は揺るぎませんでした。

無事退職したときのことは今でも憶えていますよ。もう電話をかけなくていいんだと思うと心の底からホッとしました。辞めた直後は放心状態でした。

辞めてから変わったことですか？　そうですね。自宅にかかってくる各種勧誘の電話をいきなり断ることなく、話だけは聞いてあげるようになりました。まるで昔の自分を見ているようですからね。

この仕事は、お金を稼ぎたいという人には、悪くないと思います。いろいろと言われてはいますが、正確な金融知識と、割り切って営業できるメンタリティとバイタリティを持っている人には向いていると思いますよ。私にはその資質がありませんでしたが。

■岡本さんは営業の仕事が嫌になり、その後は営業以外の仕事をしているが、いまだに電話をかけるときはなぜかドキドキするという。

【著者による業界診断】

先物取引の投機対象は金、穀物、原油など無数にある。顧客がこの取引にのめり込むようになると、手持ちの資金では足りず、借金をしてでも利益を追求しようとして身の破滅を招くことが多い。平成23年1月1日から「改正商品先物取引法」が施行され、業界は健全化の方向に向かっているが、それでも業界全体のブラック度は高く、離職率も突出している。

イメージ写真：静かな場所に建つコテージ。用途は購入者によってさまざまであり、営業マンはそれを見定めながら購入を勧めることになる。

chapter.2

リゾート物件販売

大塚実さん（31歳・男性　就業年数：1年半）

激務度：★★★★　薄給度：★★★★　悪質度：★★★
残業・休日手当：なし

仕事内容：不動産販売は、他の会社が作った建築物を純粋に販売するだけの会社もあれば、メーカー一体型で自前で開発、施工した物件を販売する会社もある。仕事のほぼ10割は営業である。特に土地ではなく、住宅販売の仕事は、顧客にまず信頼してもらい、自分を売り込むことから始まる。購買の決定権がある一家の主人と直接話をすることが多いので、営業時間は相手の仕事が終わった夜や、休日が多くなるのも特徴の1つ。売っておしまいではなく、アフターフォローが非常に重要で口コミで顧客を紹介してもらえることもある。

「部長の口癖「ぶっ殺す！」が、おはよう代わりの職場でした。」

■大塚さんとは編集者の紹介で知り合った。大塚さんは、「くりぃむしちゅー」の有田に似た感じの明るく快活な人物。話も滑舌がよく、かつての悲惨なブラック企業体験の苦い思い出はすっかり払拭できているようだった。

入社当日に子会社出向ですよ、信じられますか？　私が就活をしたのは就職氷河期の頃です。それでもなんとか4つの企業から内定をもらって、その中でこの会社に決めました。理由はリゾートという響きがよかったからでしょうか。

しかしびっくりしましたね。Iという会社に内定して就職したのに、入社当日にIリゾート販売という子会社に出向です。

それも何の説明もなく、入社式の後、いきなり「大塚実、Iリゾート販売への出向を命ず」

という辞令を渡され、そのままですからね。社会人になったばかりですから、何も分からないじゃないですか。ああ、社会ってこういうものなのかなって思いましたが、今考えれば、本当にひどい話です。

出向先は、左遷された本社のオーナー社長が経営している会社でした。親会社のIはもともと、その人が創設したのですが、経営が傾き、大株主の●●生命から送り込まれた人間がIの社長となり、オーナー社長がIリゾート販売という会社を立ち上げて自分の居場所を作った。そんな感じの会社でした。

社員は営業が私を入れて7名、施工の際の間取りや建坪率を考える建築営業が2名、メインの物件が集中している八ヶ岳の支店に詰めている営業が10名ほどの小規模なものでした。

仕事は八ヶ岳、安曇野、立科、伊豆のリゾート用の土地や建物の販売です。リクルートが出版していた『ほしいリゾート』という雑誌に広告を掲載して、興味を持って挟み込みハガキで返信してきた方に営業をかけます。

出社時間は8時で、終業時間は早いときで21時、遅いと日付を越えていました。もちろん残業手当なんて出ません。

給与は17万5000円に営業手当が4万5000円付いて額面で22万円でした。そこから寮費が月に1年目は1万5000円、2年目は2万円天引きされていました。年次が上がっても昇給はなかったので、実質2年目の方が月給が低くなる計算です。

寮がまたひどくて、四畳半一間にトイレ共同、風呂なしでした。ボロボロのアパートで、首都高と甲州街道の交わった場所のすぐ側にあったので、空気がものすごく悪いんですよ。室内にいても排気ガスの臭さで目が覚める始末でした。もちろん洗濯物を外に干すことはできませんので、コインランドリーに通っていました。痛い出費でした。

給与はベースアップが全然ないので50代の人も住んでいました。単身赴任みたいでしたが、いい年してこんなアパートで暮らさなければならないほどの薄給だったんですよ。

賞与はもう7年も支払われていない状態でした。詐欺にあったようなものですよ。説明会では賞与実績7ヶ月とあったのに、それは大昔の実績でした。

入社1年目の夏の賞与は「賞与一時金」という名目で手取り3万円もらいました。思えばこれが最高額で、その年の冬は「寸志」というカタチで1万5000円。2年目の夏も同じく「寸志」で1万5000円。もう辞めていたので噂で聞いたのですが、2年目の冬は「おこづかい」という名目で5000円しか支払われなかったそうです。

「ぶっ殺すぞ！　てめえ、この野郎」が部長の口癖でした。部長は尋常じゃなかったですね。年齢は30歳代後半でまだ若かったのですが、何かあると「ぶっ殺すぞ！　てめえ、この野郎」と言うんですよ。

言葉だけじゃなく、すぐに手も出ます。平手打ちです。こちらに何の落ち度もないのに、ごく普通に殴るんですよ。飲み会の席や日常の何でもない普通の会話中にですよ。

本当に最初はビビりました。会社に行くのが怖くなりました。社会人として働くということは、こういうことかと思いました。ですが、それも段々慣れてきて、これがこの人なりのコミュニケーションなんだなと思うようになりました。

「ぶっ殺す」って言われても、「おはよう」くらいにしか聞こえなくなりましたから、慣れというのは怖いですよね。他の社員が殴られていても、日常の風景の1つとしか捉えられなくなって、まったく気にならなくなりました。

交通事故で亡くなった先輩社員がいました。

毎週土日は東京から八ヶ岳まで上司や先輩を乗せて車で行くのですが、これがつらかったですね。朝の5時には起きて、会社に歩いていき、そこで上司達と落ち合って6時に出発するのですが、到着が9時過ぎです。八ヶ岳のログハウスの掃除をして、お客さんをお迎えして、物件の案内や紹介をするのです。

帰りは日曜日の夜ですが、夕方の18時に出発すると渋滞に巻き込まれるので、大体20時くらいに出発して23時くらいに会社に戻ります。この運転のときは疲労の上に寝不足で注意力が散漫になりがちになるのです。上司や先輩社員は爆睡状態で本当にやるせなかったですね。

先輩社員が亡くなったのは、私が入社して1ヶ月目でした。やはり過労で居眠り運転を起こしたようです。幼いお子さんが2人いて、奥さんも大変だったと聞きました。

労災が認定されたかって？　どうでしょう。「事故の話は一切口外するな」という箝口令が敷かれ、社員の間ではなかったことにされていましたから。みんな興味津々なのですが、そのことに触れてはまずいという雰囲気が社内に充満していて、誰も詳細は分からなかったんです。

あまりに運転がきつそうに見えたのか、あるとき先輩社員が運転を代わってくれたんですよ。申し訳ないなと思いながらも、喜んでその申し出を受けさせていただき、助手席に座りました。私は寝ないようにしていたんですが、それでもうつらうつらしてしまいました。

そうすると身体がビクッ、ビクッとするんですよ。何事かと思いました。過労で身体がいかれたのかと思いました。目をはっきり覚まして運転席の先輩を見ると、こまめにブレーキを踏んでいるんです。私を起こそうと無茶な運転をしていたわけです。

運転を代わってはみたものの、私が隣で船をこいでいたのがしゃくに障ったんでしょうね。それならそうと「大塚、起きろよ。他人に運転させておいて、その態度はなんだ！」って怒られた方がましです。本当に陰険な先輩でした。

この会社を辞めようと強く思ったのは、私がようやく契約にこぎつけたお客さんの契約金額を、私はおろかお客さんにも無断で４００万円も増やされたことが原因でした。

お客さんは大阪の方でした。大手メーカーの所長さんで、退職金の前借りで八ヶ岳にセカンドハウスを建てようと考えていました。奥さんが以前夏に避暑に来たとき、涼しくて過ごしやすかったので、夏の間はここで過ごそうと考えたのです。大阪の夏は暑いですからね。物件は土地でした。傾斜が35度もある土地だったので、普段は坪10万円が相場だったのですが、値引きして１００坪８００万円で話が折り合いました。

傾斜が付いた土地だったので、土台をきちんとする基礎工事が大切です。土地代とは別に基礎工事代金をいただくことになります。宅建の資格を持っていた数少ない社員である部長にお伺いをたてたところ、「まあ、４００万円だろう」という言葉が返ってきました。8月にお客さんに見学していただいて、11月には基礎工事を終えての引き渡しということになりました。ノルマが減って私も喜んでいましたよ。

お客さんから、秋の八ヶ岳も知りたいし、物件がどうなっているのか、写真を撮ってきてほしいと言われて、10月にもう一度その物件を見にいったときのことです。基礎工事は大体終わっていたのですが、なんとものすごく手の込んだ工事になっていました。傾斜の付いた土地の一部分を平らにするのではなく、ごそっと土地を大改良してL字型にえぐっていたのです。

この工事ではとても400万円じゃ済まないだろうと思い、確認すると800万円かかるというのです。お客さんには400万円という話をして、その後なんの了承も得ずに勝手に大がかりな基礎工事をして、金額は倍の800万円。

私はすぐに部長に連絡して、事の次第を確認し、お客さんにどう話せばいいか伺いました。「800万円だろうが何百万だろうが、かかってしまったものはしょうがないだろう！」が答えでした。さすがに私もキレましたよ。このお客さんの仕事を終えたら退職しようと心に決めました。

幸い何度も足を運んでお詫びをしたのを汲んでくれたのか、最後にはお客さんも納得してくれました。奥さんからは「話が全然違う！」とものすごいお叱りを受けました。当然ですよね。ですがご主人がさっぱりした方で、私のたどたどしい説明を聞いて、しばらくじっと考え込んだ後に、「分かった」とおっしゃってくださって、何とか成約までこぎつけることができたのでした。破談になってもおかしくない話だったので、ご成約いただいて、心の底から安堵しました。

その成約と同時に退職願を提出しました。課長は何も言いませんでしたが、部長はそれを持って親会社の社長の前で、ビリビリに破いて「私が辞めさせませんから」と言ったそうです。社長に対するパフォーマンス以外の何物でもないですね。

結局部長からは飲み会の席で、おちゃらけた声の「辞めちゃダメだケロ」という慰留の言葉しかもらえなかったので、すぐに退職願を書き直して辞めました。

■大塚さんは、その後別の仕事を経て、現在はまったく違う分野の仕事をしている。取材にも終始真摯に答えてくれたが、封印されたトラウマの入った箱のふたを開けたように、ときおり苦しそうな顔をしていたのが、印象的だった。

【著者による業界診断】

不動産業界は玉石混淆だ。非常に待遇がよくて、しっかりした会社もあれば、この会社のようにいい加減なところも多い。土地や家屋という一生に一度の買い物をする客の立場からすれば、慎重に慎重を重ね、充分吟味して、軽々しく契約しないことである。財閥系の不動産販売会社は、得てして待遇もよく、研修、福利厚生もしっかりしている。一方新興系の不動産販売（メーカー一体型含む）は、イケイケの体育会系の社風の会社が多く、そのノリについていけずに、退職する社員も多いと聞く。

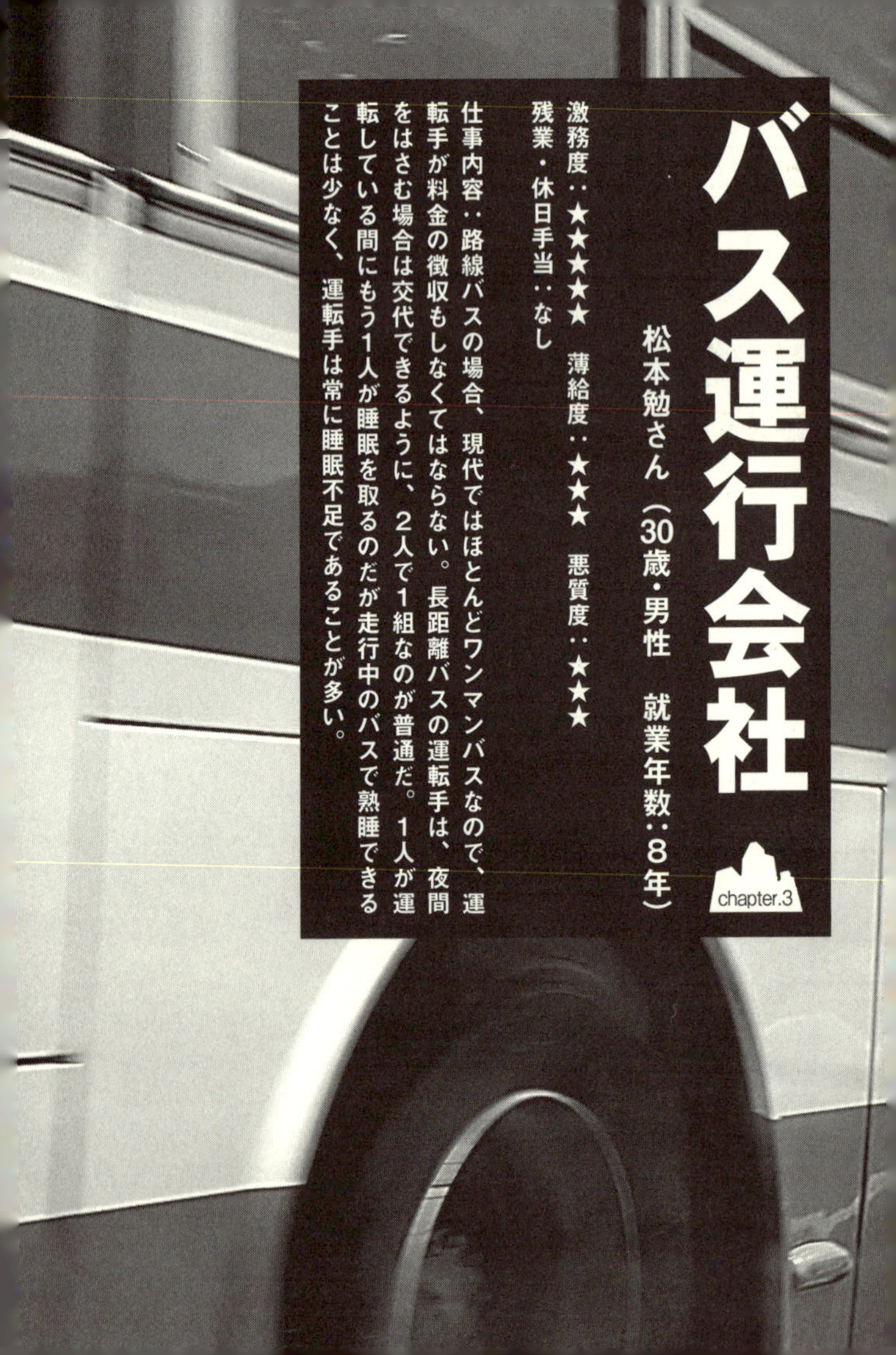

chapter.3

バス運行会社

松本勉さん（30歳・男性　就業年数：8年）

激務度：★★★★★　薄給度：★★★　悪質度：★★★

残業・休日手当：なし

仕事内容：路線バスの場合、現代ではほとんどワンマンバスなので、運転手が料金の徴収もしなくてはならない。長距離バスの運転手は、夜間をはさむ場合は交代できるように、2人で1組なのが普通だ。1人が運転している間にもう1人が睡眠を取るのだが走行中のバスで熟睡できることは少なく、運転手は常に睡眠不足であることが多い。

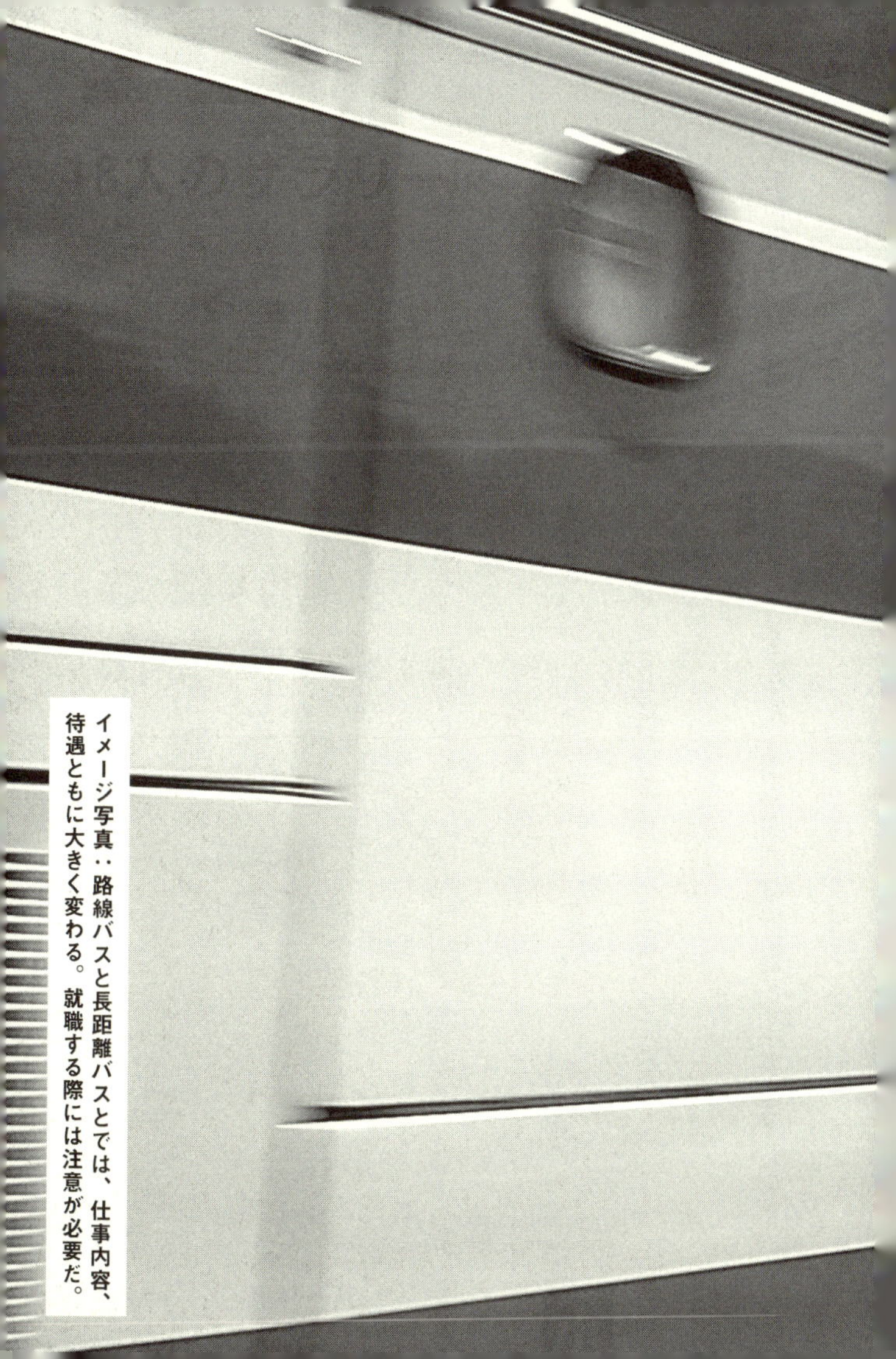

イメージ写真：路線バスと長距離バスとでは、仕事内容、待遇ともに大きく変わる。就職する際には注意が必要だ。

#「バスの運転は好きなんです。でも仕事があまりにも苛酷で、鬱病になってしまいました。」

■松本さんとは、ネット上の掲示板で知り合い、筆者の意図に共感していただいた。遠方にお住まいだったために、メールと電話で取材させていただいた。松本さんは現在鬱病の治療中にもかかわらず、時間を取ってくださり、本当に感謝の至りである。

実は鬱病で現在休職中なのです。

休職は、もうじき1年6ヶ月になります。勤務がきついのと、お客さんへの責任感から、私は去年の3月から鬱病になってしまったのです。

最初は眠れなくなったんですよ。もともと私は寝付きがいい方で、横になると10分もしないで寝られるタチなんですが、それが全然眠れないんです。

次に物事の判断や決定ができなくなりました。信号が赤なのにブレーキを踏むのが

遅くなって、事故を起こしそうになったこともありました。

そして何を食べてもおいしく感じなくなりました。私は大のラーメン好きで1週間のうち半分は昼飯に食べていたんですが、全然おいしく感じないんですよ。箸で麺を持ち上げるのも面倒くさくなりました。

最後に毎日不安で不安でしょうがなくなって、これはおかしいと思って病院に行きました。医者は私にいくつか質問をして、私がそれらにすべて「はい」と答えると「あなたは、あきらかに鬱病です」と診断しました。

医者からは、極度の過労、心身の疲労とストレスからくる鬱だと言われ、その場で働くことにドクターストップをかけられ、医者の診断書を上司に提出して休職しました。会社の服務規程では1年6ヶ月間の休職が認められていますので、休職して抗鬱剤を服用しながら自宅療養したんですが一向によくならず、精神病院にも3ヶ月入院しました。

ようやく回復の兆しが見えてきたのが2ヶ月くらい前です。

通院している病院の医者の診断書を提出して、復職したいと上司に伝えたのですが、会社の産業医からはまだ復職は不可能だという診断を下されました。産業医は精神科の専門医ではないのにですよ。

そして会社からは復職は無理だと判断され、上司から退職勧告を受けました。私の主治医は職場復帰を認めているのにです。本当におかしな話です。

私はもちろん、復職を希望しています。病院の先生は「鬱病を理由とした退職強要は違法だから、会社から何を言われても退職を認めたらダメだよ！」とおっしゃっています。

私がこうなった原因はすべて、会社の苛酷な労働環境にあります。日給月給制で、時間外労働が異常に多いのです。日給月給制というのは、月給制の一種で、欠勤があった場合には、その分の日数の金額が差し引かれる賃金制度のことです。

仕事内容は高速バスの運転です。

労働拘束平均時間は、1回あたり10時間から15時間で、運転していない待機時間の賃金はカットされます。運転している時間しか賃金は計算されないのです。

服務規定上、4日に1回の公休を与えられることになっていますが、実際は退職者の穴埋めや、欠員を埋めるための出勤がしょっちゅうです。公休日を潰して出勤することを「廃休」と呼ぶのですが、「廃休」の連続ですよ。

2連勤なんて当たり前で、少し前までは3連勤もありました。3連勤ということは、待機の時間も合わせて、連続40時間から60時間連続の勤務です。あまりにもひどい

と思いませんか？

睡眠時間が不規則なので、アルコールを飲んで寝る癖が付き、そのままアルコール依存症になった社員もいます。

過労のため、心筋梗塞で亡くなった同僚もいました。その同僚のお葬式に行ったとき、奥さんが幼い娘さんの手を引いて気丈に喪主を務めている姿を見て、お気の毒にと思いましたが、今度は私の番です。あまりにも労働環境が苛酷なので、私以外にも数名休職しているそうです。

ある乗務員は、有給休暇を申し込んでいたにも関わらず、人手不足のために主任（助役）に有給休暇を直前に取り消されて、喧嘩をして突然退職しました。労働組合ですか？　残念ながらありません。

現在私は入社8年目になりますが、月給が額面で19万円から22万円、賞与の最近の実績は夏は1・2ヶ月、冬は1・8ヶ月分です。合計して年収は３００万円から３４０万円程度です。メチャメチャ低いですよ。学生時代の友達の中でも、私がダントツに年収が低いです。

さらに病気などで1ヶ月休むと、基本給ももらえずに、給与は0円になります。これが日給月給制のよくない点です。

私は現在、傷病手当金で生活しています。傷病手当金とは、健康保険組合から支給される給付金の1つで、病気やケガのために仕事ができなくなったとき、その間の生活保障をしてくれる制度です。

新卒で入社した同期は26人いましたが、劣悪な労働環境と低賃金のため、今は6人しか残っていません。みんな過労で身体を壊して辞めていきました。

ウチの会社は、社員だけにではなくお客さんに対しても、扱いが乱暴なんですよ。ウチの会社には、和歌山県のある駅から、JR東京駅まで運行する高速バスの便があるんですが、数年前の夏の夜の便でひどいアクシデントがありました。

バス車内のクーラーが故障して、その場で修理したのですが直らずに、約50人のお客さんを5時間も待たせるという愚挙を犯したのです。お客さんたちは当然大激怒です。

結局、トイレのない代行バスで真夜中の3時に発車しました。お客さんによっては始発の新幹線に振替しました。

かなりのクレームがあったようですが、いまだに企業体質は変わっていません。何しろ乗務員が過労でフラフラな状態で運転していますから、いつ大事故が起こっても不思議ではありません。

特に夜行バスは危険です。日勤明けの乗務員は、寝不足で正常な判断ができなくなっていることが多いです。車両点検もいい加減です。

よく冬にスキーバスの事故が起きるじゃないですか。事故を起こしているバス会社は、多分ウチと同じ体質なんだと思いますよ。

ですから私は絶対に夜間の長距離バスは利用しませんし、家族や友達にも使わないように口を酸っぱくして言い聞かせています。

1泊2日で観光地を回る激安バスツアーも危険です。春とか秋によく出てくるやつです。新聞に大きな広告を打っている会社はその分、従業員を酷使していると思った方がいいですよ。新聞広告の掲載料金は高いですから。

今後ですか？　もちろん何とか復職したいですよ。でも上司から執拗に退職を迫る電話がかかってきます。

「過去にも、お前と同じように精神病で休職した奴を復職させたことがあるが、役に立たなかった」などと言われます。復職した人が仕事できなくなっていたって、そんなの他人は他人じゃないですか。私がそうなるとはかぎらないじゃないですか。

自分でもクビにならないように勉強しています。図書館に行って労働基準法の本を読んだり、ネットの民事相談ができるサイトにもたくさん書き込み、いろいろな答えをいただきました。

病気と業務量や内容との関係がハッキリすれば労災と認定されるらしいんですよ。復職についてですが、法律的には治癒後30日経った段階で解雇される可能性があることは否めませんが、労災になった責任は会社の安全配慮義務違反だそうです。

私は几帳面な性格で、毎日日記を付けているんですよ。そこにはいつ、どれだけ働いたかと、路線も記してありますから、万が一強引にリストラされるようになったら、労働基準監督署に訴えてやるつもりです。

上司がメールではなくて電話で退職勧告してくるのは、理不尽な要求が証拠に残らないようにするためだと思います。実際家の電話じゃなくて、携帯にいきなりかけてきますからね。ですからICレコーダーを買って、これからは電話の内容を全部録音しようと思っています。

バスに限らず車が子供の頃から好きでした。それで正社員としてバスの運転を仕事にして、安定した生活を送れたら幸せだろうと学生のときに思っていたのに、本当に残念です。

■松本さんとは取材の後にも、メールや電話で連絡を取り合っているが、彼が復職できるかどうかは、現段階では不明である。筆者としては無事復職を果たしてほしいと願っているが、また苛酷な労働に身を投じることに心配もしている。

【著者による業界診断】

長距離高速バスとは、一般的には、距離が数十から数百キロの都市間輸送、ないしは都市と観光地を結ぶものの中で、高速道路を利用するものを指す。この業界では、新卒の社員がいきなり乗務員になることは少なく、路線バスの乗務員の経験を経て熟練した社員が乗務員になるか、中途採用した経験者がなることが多い。

chapter.4

事業者金融

矢沢美保子さん（24歳・女性　就業年数：1年半）

激務度：★★★★　薄給度：★★　悪質度：★★★★

残業・休日手当：なし

仕事内容：普通に会社員として働いている限り、まったく接点のない業容である。事業者、つまり会社の経営者に事業資金を融資し、高額な利息を取る商売だからだ。通常は不動産などの担保は取らず、事業者の身内や友人などを連帯保証人として、融資契約をする。事業者が事業に失敗して、夜逃げなどをすると、回収は連帯保証人から行なうようになる。

イメージ写真：不景気が深刻化し、資金繰りに困った企業が手を出す事業者金融の罠。一度、深みにハマれば抜けることは難しい。

「辞めた今でも、働いていたときの悪夢をよく見ます。完全なトラウマです。」

■矢沢さんとは知人の紹介で知り合った。本人もこの会社には問題点が山積していることを自覚しており、取材を快諾していただいた。矢沢さんは清楚なお嬢様タイプの女性で、とても営業職をしていたとは思えなかった。

日本語さえ話すことができれば、誰でも入社できる会社です。これは元採用担当をしていた私が言うのですから、間違いありません。

私は短大卒なのですが、社会に出たらバリバリ営業をやりたいと思い、この会社を選びました。就活を始めるのが家庭の事情で遅くなってしまい、そのとき募集していたのがこの会社だけだったというのも大きな理由です。内定をもらって非常にほっとしたことをよく憶えています。

しかし、入社後に知って非常に驚いたのですが、実は入社式、つまり4月1日の前日の3月31日まで新卒募集をしていたそうです。普通、あり得ませんよね。

入社後、営業に配属されました。与えられた仕事は、とにかく電話をしまくって1件でも多くのアポイントメントを取り付けることです。

電話の内容は「私、●●（社名）の矢沢と申しますが、社長様でいらっしゃいますか。実はこのたび御社だけに、特別にご融資の件でご連絡差し上げました。銀行さんなどですと、稟議から決済までの時間が長く、ご融資まで時間がかかりますよね。当社でしたら、すぐに決済することができますよ。もちろん担保も必要ございません」といった感じで、中小企業の社長にお金を貸し付ける営業トークです。

この電話は1日300本というノルマがありました。しかもIP電話を使っていたので、誰が、いつ、どこに電話したかが、すべて記録として残るんです。営業の仕事とは、こういうものなのかと愕然としましたね。

そして毎朝、すべての支社、支店の上長が参加するテレビ会議で、成績優秀者とノルマ未達の社員が発表されます。このノルマが異常です。新入社員でも1ヶ月1億円くらいのノルマがあり、それが日割りされるので1日あたり300万円以上になっていました。これは新入社員には実現不可能な金額です。

ノルマ未達の社員は上司から「シロアリ社員」と呼ばれ、罵倒されます。「シロアリ」というのは、会社に何も利益を与えず、給料だけもらって会社を食いつぶしていくという意味で、つけられたあだ名だと思います。

ものすごく大きな文字で、しかも赤い色で「死ね！」とだけ書かれたメールが本人だけではなく、他の社員にも一斉送信されることがありました。それもしょっちゅうです。

「シロアリ社員」が多い支店は、その上司や支店長までも降格されて、地方に飛ばされるので、怒る上司の方も必死です。人間性を否定する罵倒だけではなく、殴る蹴るの叱責が日常的に行なわれていました。上司が部下に向かって灰皿や電話を投げることも珍しくありません。飛び散った吸い殻の掃除や、壊れた電話の後片付け、新しい電話の発注なども、私たち新人の役目でした。

「●●塾」という制度があって、成績優秀者のみ入れることになっていますが、最終的には営業全員が入塾させられます。何をするのかというと、地方の社員も含めて全員土曜日に本社に集めさせられ、社長の話を聞くのです。

社長にしてみれば「俺の話を生で聞けて、みんな幸せだろう」と思っているのでしょう。他にも元日は本社に集合して決起集会をするんですが、社員にとっては本当にいい迷惑です。

営業の仕事内容は、融資と回収です。銀行が見放したような中小企業に保証人を付けてお金を貸すのですが、銀行が貸さないだけあって財務状況もボロボロの企業がほとんどです。奥さんを社長にして作った別会社を連帯保証人にして融資するなんて日常茶飯事でした。保証人も、契約者（会社の社長）のおばあちゃんとか息子さんとか何も知らない人が多かったです。とにかく頭数さえ揃えばいいんです。

現場には修羅場がつきものでした。スムーズに融資や回収ができたことなど一度もありませんでした。私たち営業も借り手の社長さんも保証人に充分な事前説明をしていませんので、保証人が契約のときにキレることもありました。

契約金額以上の債務責任を負うことになる根保証のことを初めて説明したり、膨大な量の書類に記入してもらったり、契約した証拠として、その日の新聞を持って債務者、連帯保証人の写真を撮ったりしますから、ただでさえ面倒くさいことに関わってしまったという思いの保証人には、耐え難いことだったと思います。

融資に行った社員は大金を持っていきますので、そのまま拉致されたり、ナイフで刺されてお金だけ奪われるという事件もときおり起こっていました。こうなると、

もはや会社とは思えません。

融資でさえこの有様ですから、回収のときはもっとすごい有様です。「ハチピン」といって、法律で許可されている時間帯の朝8時から債務者の会社や自宅の呼び出しベルを鳴らしまくります。これを「ピンポン攻撃」と言います。それを夜まで続けます。万が一会社が潰れたり契約者が行方不明になると、奥さんや保証人を追い込んでいきます。自宅の張り込みや奥さんの尾行もよくやりました。張り込みの際には、逐次会社に連絡を入れて、上司の判断を仰がなければいけません。

真冬の張り込みは、本当にきついです。トイレに行きたくなっても、我慢しなくてはいけませんし、寒さで手足の感覚が麻痺してきます。缶コーヒーを買いに行くのも、その間に逃げられたらどうしようという思いで躊躇してしまいますし、食事はまず取れませんでした。

平日の日中はアポ取りの電話をしたり、融資させてもらうための営業に行っていて、夜と土曜日が回収にあてられていました。ですから土曜出社も当たり前です。

社員には社宅があてがわれていますが、この鍵を総務が握っていて、ときどき勝手に部屋の鍵を開けて点検にきます。プライバシーなんてあったものじゃありません。本当に非常識で、社会の規範から逸脱したことを平気で行なう会社でした。

社内恋愛が異常に多かったですね。特に社内不倫。夜中に変な物音がするので社員が見にいったところ性行為の真っ最中で、それ以来その部屋からはパーテーションが撤廃されました。その男女は別々に地方に飛ばされました。

セクハラも多かったです。新入社員には入社するとマンツーマンで指導する先輩が付くのですが、女性は必ずその先輩に狙われます。飲みに誘って、無理矢理大量にお酒を飲ませて、ホテルに連れ込もうとします。

社内でのレイプもあるという噂も聞きました。ただ女子社員が泣き寝入りしているので、表沙汰にはなりませんが。

もちろんお客さんからのセクハラもあります。私も「遊んでくれたら契約するよ」と言われたことがありました。ねばつくような視線を思い出すだけで、寒気がします。私は誘いを断っていましたが、女性社員の中にはノルマのプレッシャーに負けて応じていた人もいたようです。

私が人事の採用担当になったのは入社して7ヶ月目のことです。

上司が元人事部長で、私が採用に向いているからという理由でした。人事部は全員で10人いましたが、勤怠管理など他の人事の仕事をしている人もいましたので、採用担当は5、6人でした。

私の主な仕事は新卒採用のための自社セミナーや合同説明会を開くことで、地方に日帰りの出張を繰り返していました。ひどいときだと、平日はすべて地方でセミナーというときもありました。これはへとへとになります。

合同説明会では、とにかく1人でも多くの学生にアンケートに答えてもらうようにし、その個人情報を元に、朝から晩まで営業のテレアポの要領で面接の誘いの電話を入れていました。

他に「●●セミナー」という、社長が直々に講演をするセミナーがありました。そこには学生を1000人集めなくてはいけなくて本当に胃が痛くなりました。普通に新卒を集めても学生達はネットの掲示板やSNS、「みん就」などで、この会社の悪評を知っていますので集まりませんから。

社長から「新卒で500人採用しろ」というノルマが与えられて、同僚と「これは、絶対あり得ないよね」と言い合っていました。ハローワーク巡りにも行きましたが、ハローワークにも会社の悪評は届いていて、求人票を置かせてもらうのに土下座までしました。

中途採用で「佐川急便枠」というものがありました。厳しいと評判の佐川急便で働いていたのなら、当社でも大丈夫だろうと社長が発案したのですが、結局1人も採れませんでした。新卒は「日本語を話せる外国人を狙え」ということで、中国からの留学生を大量採用したのですが、私が辞めた後、ビザの問題でダメになったらしいです。

この会社は時々、過去の裁判の結果が出て業務停止になるんです。業務停止の間は金融の仕事はできません。

そのため保証人のいない契約者の肩代わりをする賃貸保証の仕事をしたり、グループ会社が生産して全然売れなかったサプリメントの販売をしていました。

業務停止が解けた後もサプリの販売はノルマに組み込まれていて、通常の融資でノルマが達成できていても、サプリの販売がノルマ未達だと、トータルで未達扱いになって報奨金がもらえないということもありました。「なんでサプリなんて売っているんだろう」と思うこともしばしばでした。

ネットの某有名掲示板を見ているとおかしなことがあります。社の役員レベルではないと知り得ないような情報が書き込まれているのです。経営会議で社長に無理難題を言われた役員が、憂さ晴らしのために、書き込んでいるのだと思います。

私はこの会社を辞めたくて仕方なかったのですが、辞められませんでした。肉体的にもきついし、精神的にも疲弊するので退職希望者は後を絶ちませんが、辞めさせてもらえないんです。特に優秀な人間は絶対辞めさせません。


退職の意を上司に伝えると、こんこんと説教されます。それでも辞めたい人は支店長、ブロック長、本部長、役員と次々に面接しなければならず、それでも辞める意志が揺らがないと、最後は社長面談です。


社長はものすごいオーラを放っていますので、100人中99人はここで辞めることを躊躇します。なぜ、そんなに社員を引き止めるかというと、社員数が足りないからです。

ところが私にはチャンスが回ってきました。

別会社からヘッドハンティングされてきたという新しい人事部長が、前の会社にいたときに行なった横領の罪で捕まったんです。

その隙に「人事部長にすでに退職の許可は取ってある」と言い、なんとか退職することができました。本当に私はラッキーでした。

今は普通の会社で働いているのですが、しみじみ幸せだと思います。土日もきちんと休めるし、ランチをする時間もあるし、有給だって普通に取れるなんて夢のようです。

前の会社で働いているときは、社員がみなヒステリー状態で、他人に親切にする気なんて起きませんでした。私も同僚もたぶん全員が抑鬱状態だったんだと思います。街宣車が会社の前で「社長出てこい！」とか「ふざけんじゃないぞ、潰れてしまえ！」とがなることもよくありましたからね。心が本当にすさんでいました。

■矢沢さんは現在、ITソリューションの企業で広報担当として働いている。そこはセクハラはもちろん、ノルマもなく天国のような職場だという。ただ、時折、「こんなに幸せでいいの？」という疑問が浮かぶそうだ。紛れもなく前職でのトラウマのせいだ。

【著者による業界診断】

事業者金融は、企業の経営者を対象に高い金利で事業用資金を貸し付ける業態を指す。商工ローン問題は国会でも扱われた。これをきっかけに商工ローンバッシングがマスコミを中心に沸き起こり、業界大手2社が社名変更した。銀行と比べて無担保で融資までの時間が早いという利点もあるが、サラ金同様に高金利と取立てにかかわる数々の問題を抱える。就職先として選ぶならば、よほどの覚悟が必要であり、生半可な気持ちでは働き続けることはかなわないだろう。

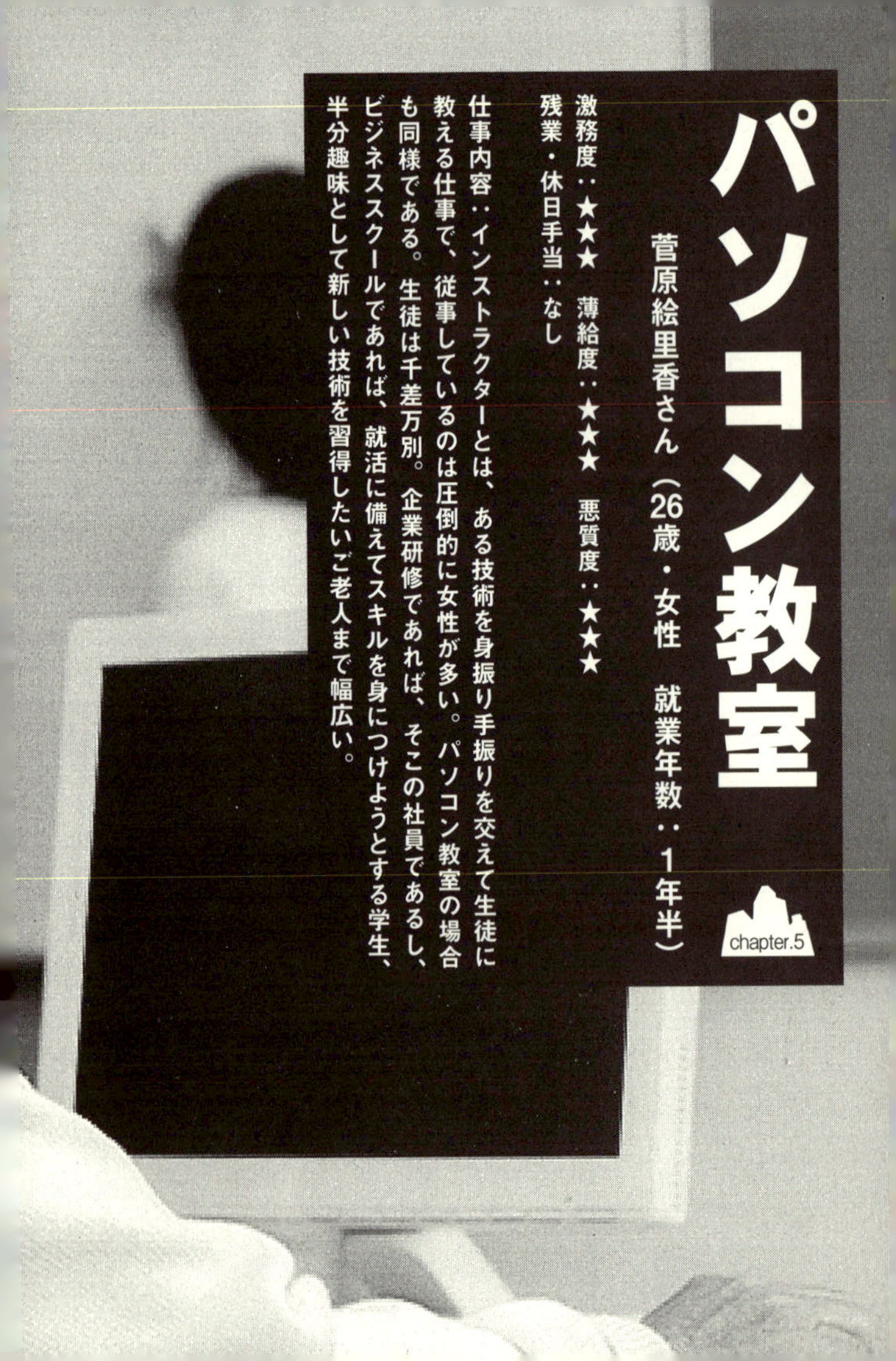

chapter.5

パソコン教室

菅原絵里香さん（26歳・女性　就業年数：1年半）

激務度：★★★　薄給度：★★★　悪質度：★★★
残業・休日手当：なし

仕事内容：インストラクターとは、ある技術を身振り手振りを交えて生徒に教える仕事で、従事しているのは圧倒的に女性が多い。パソコン教室の場合も同様である。生徒は千差万別。企業研修であれば、そこの社員であるし、ビジネススクールであれば、就活に備えてスキルを身につけようとする学生、半分趣味として新しい技術を習得したいご老人まで幅広い。

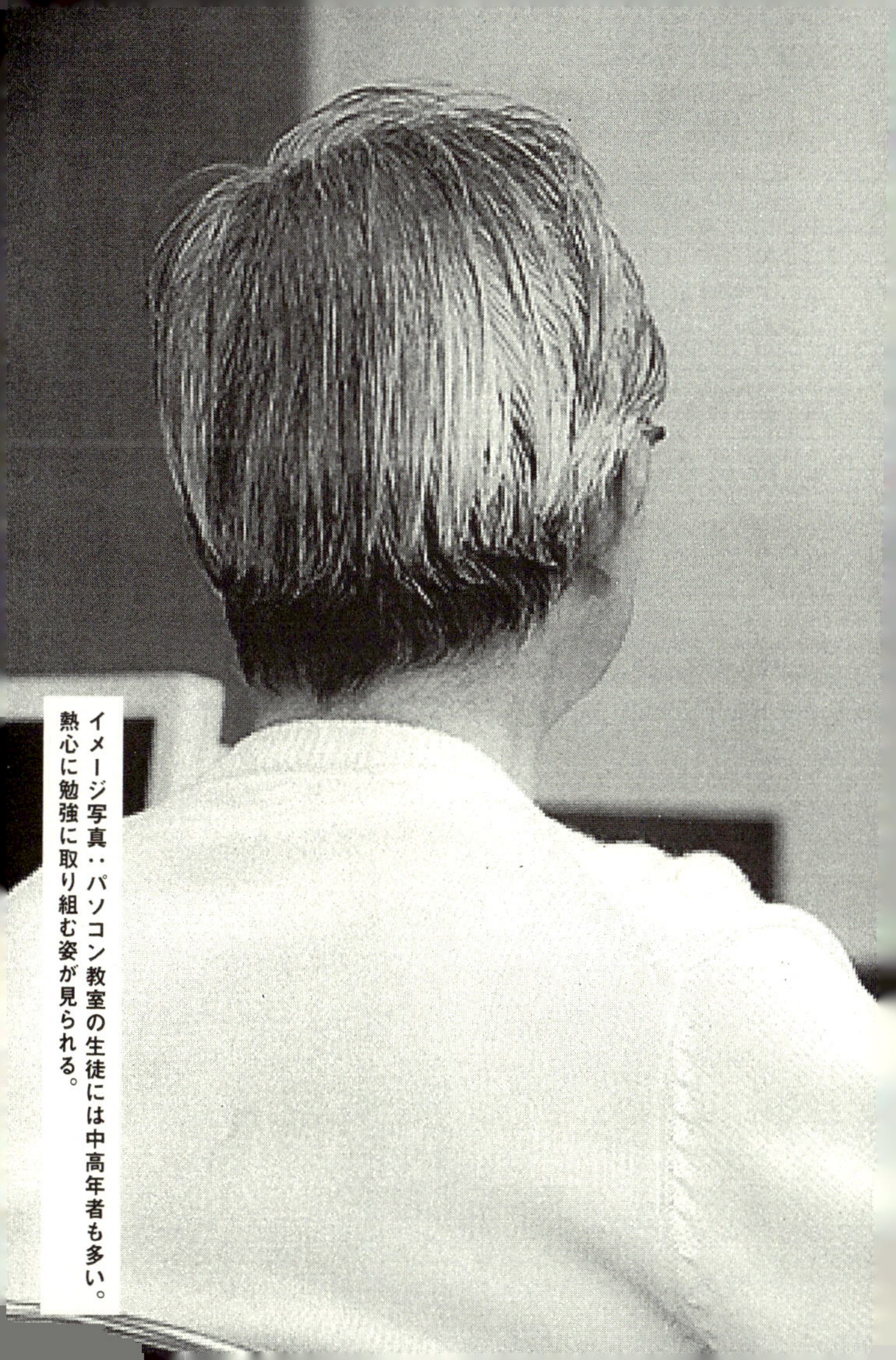

イメージ写真：パソコン教室の生徒には中高年者も多い。熱心に勉強に取り組む姿が見られる。

「生徒からだけではなく、社員からも金をむしろうとする無法地帯のパソコンスクールでした。」

■菅原さんは、筆者が長年懇意にさせていただいている方に、この本の企画の趣旨をお伝えして、ちょうどいい人がいるということで紹介していただき、お会いすることができた。実直そうな性格の人物で、苦々しそうな語り口調から彼女のいた会社のブラック度が透けて見えた。

実はこの会社は私が辞めた後に一度倒産しているんですよ。産業再生機構がスポンサーを探して支援して復活したので、今は営業を再開できているんです。

入社動機ですか？　新卒の就職活動で最初に内々定をいただいたからです。あと、有名なお笑いタレントのテレビコマーシャルで有名だったので、ここなら安心かなと思いました。やはり誰でも知っている会社の方がいいですからね。

でも、そもそもそれが間違いの始まりでした。職種別採用を行なっていたのでインストラクターという話で入社しました。ですが、一般事務でもインストラクターでも、社員全員が在籍生徒に対してコースアップやコース付け足しの切替え営業をしなければいけなかったんです。

コースアップやコース付け足しの切替えというのは、生徒さんにオプションで別のコースを追加してもらったり、より授業料が高いコースに切り替えていただくように案内することです。これには本当に驚きました。入社前の説明では一切そんなことは言われていなかったのに、あたかもそれが前提であるかのような説明をされました。

「いいですか、みなさん！　あなたたちもウチの会社の一員になったのですから、会社にはきちんと貢献してください。そのためには、今在校している生徒さんにもっと授業を受けていただくことが必要です」と、言葉は丁寧でしたが、有無を言わせない態度で上司から説明がありました。

ものすごくプレッシャーを感じたのを、今でもありありと憶えています。営業職の社員は別にきちんといるのにですよ。


もちろん、これはスクール側の勝手な営業行為であって、生徒さんのスキルアップを考えてのことではありません。

当然違うコースの授業を受ければ、生徒さんはまた新しく教材を買わなければいけません。

スクールがお金を稼ぐためです。今思い返してみると、パソコンスクールというより、教材の販売でもしていたというイメージが強いですね。

ノルマはなかったのですが、目標数字を割り振られ、かなりつらかったですね。達成できそうにないときは、切替えしてくれそうな生徒を先輩に譲ってもらったりして、助けていただきました。アポなしでいらっしゃったお客さんを入会するように説得したり、電話してきたお客さんを教室に来るように誘導したりもしました。

この仕事をしていて何が一番嫌だったかというと、無垢な生徒さんに、詐欺まがいのトークで、営業をしなければいけなかったことです。本当に罪悪感で胸が痛みました。

生徒さんたちは、中年以上の方がほとんどでした。パソコンが満足に使えないとリストラされるという会社員の方や、お孫さんとメールをしたいからパソコンをマスターしたいというお婆ちゃんもいましたね。営業トークはこんな感じです。

「●●さん、大分上達しましたね。これからはワンランク上のコースで学んだ方がいいですよ」「先生、そうすると孫とは、もっと楽しくメールできるかね?」「もちろんですよ！　今までは単に文字だけのメールだけだったでしょ?　今度のクラスで勉強すれば、ホームページも作れるようになりますから、いつでも●●さんの元気な姿を、お孫さんに見せてあげることが可能ですよ」

もちろんホームページを作れるようになったとしても、サーバにファイルをアップする方法は、お金をまた取って、さらに別のクラスで教えるという仕組みです。

生徒さんたちの多くは明確な目標があったので、本当に熱心に授業に打ち込んでいましたよ。メールができるようになると、みんな私に送ってくるんです。「菅原先生のおかげで、世界が広がりました」って。

そんな生徒さんたち相手に、スクール側の言うことを聞いて、「大分上達しましたね。これならもう充分に、1つ上のコースで通用します。そこのコースを受講すれば、自分のホームページを作ることも夢じゃありませんよ。ぜひコースアップしましょうね」と言うのですから、心がきりきり痛みましたよ。


スクール側はまったく生徒さんのことを考えていません。生徒さん1人1人に合ったコースをプランニングします、というのがうたい文句だったのですが、入校した生徒さんには上級コースの資格試験をすぐに勧めます。

資格試験の勉強はオプションになるので、目標の資格試験ごとに勉強や模試時間の追加契約が必要になって、スクールにお金が落ちるようになっているのです。

もし退校しようとしたら、分割払いの生徒さんは、払い終わっていないローンの残高を一括で返済しなければならなくなります。また、受講していない授業のお金は、2ヶ月以上先でないと返金しないシステムになっていました。それから授業を受けても受けていなくても1ヶ月に8回分の授業料は取られます。

もちろん、それらの不条理なシステムに抗議する生徒さんもいました。しかしスクール側は「最初に取り交わした契約書をよく読んでください。それらのことは、全部記載されていますよね。納得した上での契約ですから、クレームは受け付けません」という紋切り型のフレーズを繰り返すだけでした。

その契約書には、非常に小さい文字がたくさん並べられているので、誰もそんなところをじっくり読んでから契約したりはしません。まるで詐欺のようでしたね。事務の方はもちろん、私たちインストラクターにも、そう応じるようにスクール側は強制していました。ですから内心では申し訳ないな、と思いながらも泣く泣く対応していましたよ。

そういえば、入社するときに社員にも自社の教材を強制的に買わせるんですよ、この会社は。友達に聞いてもそんな会社聞いたことがないって言われました。

教材は一式で50万円くらいだったと思います。その金額が24ヶ月に分割されて、毎月給与天引きで抜かれます。2年間働けば、その分の料金は払わなくていいのですが、その前に辞めた場合は、全額を払うように説明されました。それも入社した日のガイダンスで初めて知らされたんです。本当にびっくりしました。

私は、金儲け主義のスクールに嫌気がさして、結局1年半で会社を辞めました。教材の支払いが終わらないうちに退職したわけですが、残りを一括で払えという傲慢な対応をされました。今もこの制度が続いているかどうかは、分かりませんが。恫喝っていうんですか？かなり強面の社員の方と小さな部屋で2人きりにされて、「入社したときの書類をよく読んでみろ！」って言われました。

よく読んでみると、たしかにそう書いてあるんですよね。ものすごく小さな字で。普通そんなところ読みませんよ。生徒さんが入校するときと同じ手口です。

私は両親にすべて話して、お金を借りて残金を支払いました。親も「そんなひどい会社は、今すぐ辞めた方がいい」って同意してくれました。父親が厳格な人なので、たった3年も1つの会社に勤めることができないなんて、どういうことだって怒られると思っていましたが、すんなり「絵里香、世の中にはいくらでも会社はある。無理にそんなひどい会社に勤め続ける必要はない」と言ってくれたときには、涙が止まりませんでした。銀行のATMで振り込みが終わったときは、本当にホッとして、脚から力が抜けて座り込んでしまったほどです。

給与に関しては、薄給だったことしか憶えていません。しかもそこから入社時に購入させられた教材の分割費用が天引きされていましたからね。

本当は社会人になったら、一人暮らしを始めるつもりだったのですが、到底無理でした。私の家は親がうるさくて、学生時代には一人暮らしは許してもらえなかったので、とても楽しみにしていたのですが。

日中はインストラクターとして授業を受け持ち、夜は遅くまで生徒さんに営業の電話をかけまくっていました。ですが残業代はまったく出ませんでした。休日も月に6日しかありませんでした。

具体的な金額に関しては憶えていないのですが、拘束時間が長い割りには異常に安い給与でした。会社での体験を思い出せないように、脳が防衛機能を働かせているのかもしれません。でも、激務だったことは身体がまだ憶えています。本当に嫌だった事柄に関する記憶が、パッと浮かんできてはすぐ消えるんです。

辞めた後も悪夢をよく見ました。寝汗をびっしょりかいて夜中にがばっと起きるんです。それで、「ああ、あの会社はもう辞めたんだ」って安心してまた眠りにつく。そんな夜が何ヶ月か続きました。

テレビコマーシャルを信じて入社したのに、あんなにひどい目にあって、もうコマーシャルをやっている会社は信用できなくなりました。テレビ局も結局お金さえもらえば、どんな会社の広告でもするんですね。マスコミ不信ですよ。この本を読んでいる方にも、やたらコマーシャルばかりやっている会社は信用しない方がいいということを伝えたくて、この取材に応じたんです。

■菅原さんは、この会社での体験がトラウマになって、今でも習い事全般に対して不信感を抱いている。友達にアロマの教室に行こうと誘われているのだが、まだ決心がつかないと漏らしていた。

【著者による業界診断】

ビジネススクールは、就活を控えて資格を取得しようとする学生、子供に手がかからなくなった主婦、リストラにおびえる中高年サラリーマンなどを中心に需要を伸ばしている。通おうとする際には、メディアで名の知れたスクールを選びがちだが、有名無名を選択の基準にするより、通いやすさ、授業料、そして講師の質で選ぶのが賢い。講師は専任から、大学講師のアルバイトまで多種多様だ。専任であれば授業がうまいかというと、必ずしもそうではない。できれば、そこに通ったことのある人から直接評判を聞くのが望ましい。

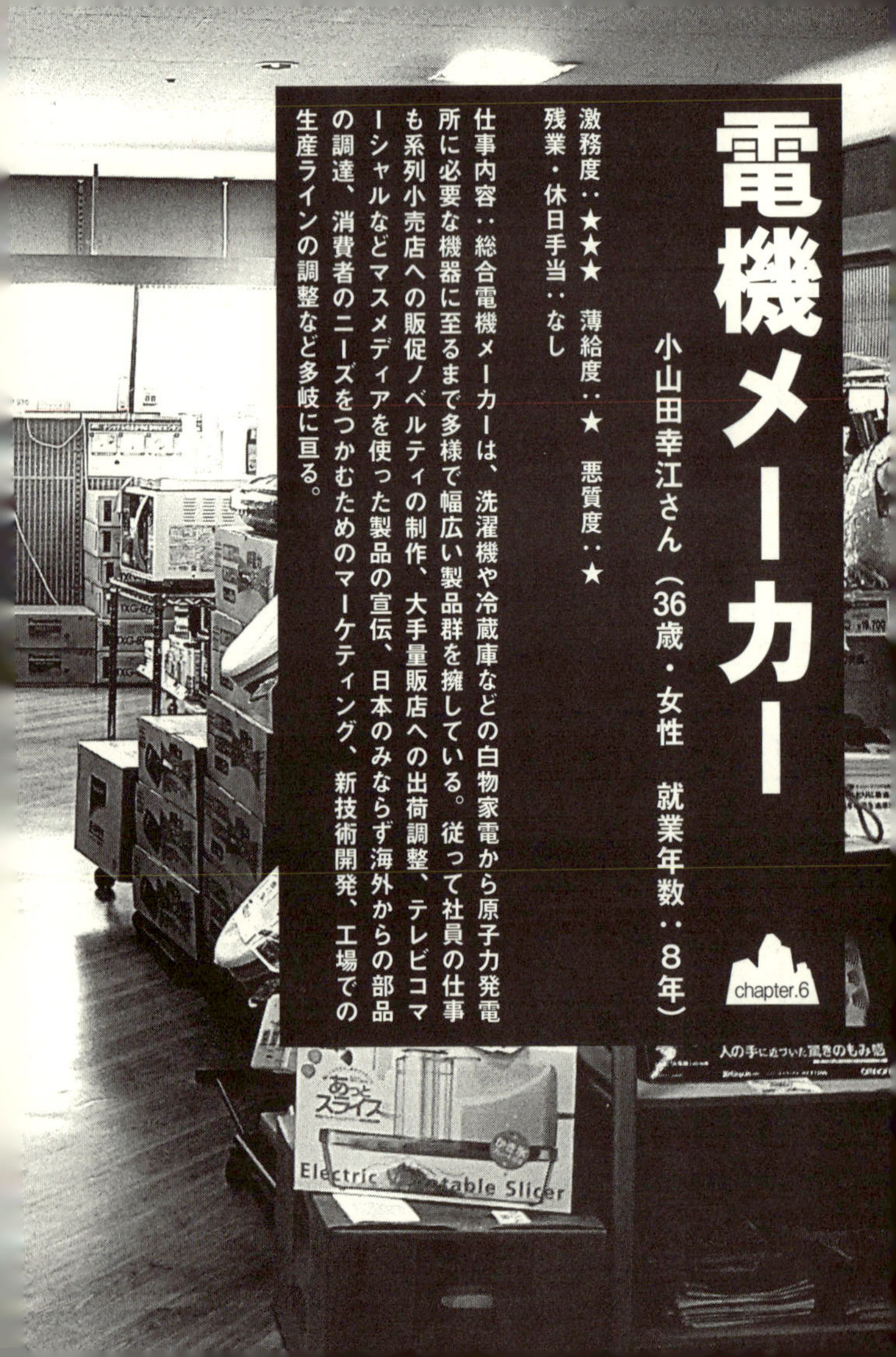

chapter.6

電機メーカー

小山田幸江さん（36歳・女性　就業年数：8年）

激務度：★★★　薄給度：★　悪質度：★

残業・休日手当：なし

仕事内容：総合電機メーカーは、洗濯機や冷蔵庫などの白物家電から原子力発電所に必要な機器に至るまで多様で幅広い製品群を擁している。従って社員の仕事も系列小売店への販促ノベルティの制作、大手量販店への出荷調整、テレビコマーシャルなどマスメディアを使った製品の宣伝、日本のみならず海外からの部品の調達、消費者のニーズをつかむためのマーケティング、新技術開発、工場での生産ラインの調整など多岐に亘る。

イメージ写真：電化製品売り場。

「どんなに頑張っても女性はねえ、という一言で、私の努力はすべてパーになりました。」

■小山田さんには、筆者の友人を介してお会いすることができた。最初は取材を渋っていたが名前を仮名にし、社名は絶対公表しないという約束で重い口を開いてくれた。

単調な仕事、ハードな残業だらけの仕事、そしてセクハラと女性差別の日々。振り返ると、私の前職はこんなものでした。

私は学生時代に留学経験があり、語学が得意だったので、A社のグローバルな展開に憧れて入社しました。入社案内には、女性でも責任ある仕事を任せてもらえると書いてありましたので、かなり期待していました。入社して最初の3年間は、主に海外の取引先を対象とする、海外法人営業部で、海外現地法人（販売と生産の両方）と国内事業部との間をつなぐ仕事をしていました。

「いずれは、もっとクリエイティブな仕事に携われるに違いない、そのための修行期間だ」

と自分を慰め、ひたすら単調な日々を送っていました。

2年目から、ずっと異動願いを出し続けていましたが、4年目の初めに、念願叶って、法人営業企画部という、素材事業部の戦略部門に異動することができました。このときは、「ああ、これであの単調で単純な作業から開放され、自分の能力を思う存分に発揮することができる」と、大いに喜びました。

しかし、それは大間違いだったのです。法人営業企画部の中で私は、企画課という部署に配属されました。名前を聞くと部の中枢のようですが、実際はそんなものではありませんでした。

配属された初日、課長から今後の仕事の説明がありました。

「小山田さんは英語が得意だね」「はい。ドイツ語も少々できます」「じゃあ、君にしかできない、ぴったりの仕事があるんだけど」ということで、与えられたのは、取引先向けの製品マニュアル作成です。

マニュアルといっても、技術者が汚い字で書いてきた図面や数値を、きれいに書き直し、それを印刷会社に渡して活字化し、製本するだけです。住宅の図面集をイメージしていただければいいと思います。

製作するマニュアルの量は異常に多かったです。また、新製品や新機能を搭載した製品がどんどん追加されるので、マニュアル製作作業は、終わることを知りません。なおかつマニュアルは、各国語版が必要なのです。私は日本語・英語・ドイツ語版を担当していました。タイムカードなんてあってないようなものでした。海外法人営業部にいた頃は、仕事はルーチン・ワークで地味でしたが、それこそ9時から17時までの世界で、残業などほとんどありません。

しかし、法人営業企画部でのマニュアル製作は、人員が少ないこともありますが、とにかく量が半端ではないので、連日、早朝から深夜まで残業の連続です。

A社はメーカーなので、労働組合の力が強く、所定内残業時間などは厳しく定められています。しかし、そんなことに構っていたら仕事が終わらないので、いつもタイムカードを早めに押し、早く終業したことにして組合の目をごまかしていました。有給休暇を取ったにもかかわらず、結局は出社し、タイムカードを押さずに働いたこともありました。

それでも仕事が終わらないので、土日は家に図面を持って帰って作業するしかありません。もちろん、組合には秘密です。上司は薄々知っていたようですが……。

チマチマした超単純作業の上、あまりにも肉体的に厳しいので、何度も上司に、人員を増やしてくれるよう要請していましたが、「君の苦労は分かる。そのうち何とかするから」という空返事ばかりで埒が明きません。

来る日も来る日も図面の清書と、印刷会社から上がってきたゲラの校正。その上、ちょっとでもスケジュールが遅れると、各国の営業現場からは「何やっているんだ！　マニュアルがないと商売できないだろ！　お前はそれでも大学を出ているのか！」と罵倒の電話がかかってきます。

かといって、製品のマニュアルが完成しても、社内的に目立つわけでも、賞賛を浴びるわけでもありません。これほどやりがいのない仕事はないでしょう。

セクハラは多々ありました。恥ずかしい写真を、撮られたこともありました。

当時、マニュアル製作の息抜きになっていたのは、年2回の展示会です。国際見本市会場に、私の扱っていた素材関連のメーカーが一堂に集まり、それぞれの製品を展示し、商談をまとめる大きなイベントです。

イベントの2日ぐらい前から、徹夜の作業になりますが、久しぶりにマニュアルから開放され、華やかな会場の雰囲気も手伝って、それはそれで楽しいひとときでもあります。

ただし、ここでも大きな問題があります。予算が厳しいので、他社のように専門のコンパニオンを雇うことができません。その代わりに、一般職も含め、法人営業企画部の8名の女性が、会社のブランド・ロゴが入った身体の線がはっきり出るようなTシャツと恥ずかしいミニ・スカートを着させられ、接待役にされました。

誰々さんはスタイルがいいとか、悪いとか、男性社員や取引先の好奇の眼にさらされます。男性社員の中には、私たちのスタイルの良し悪しの下馬評を作っている連中もいました。

「小山田さんて、かなりのナイスバディだねえ」とよだれを垂らさんばかりの男性社員が、たくさん見にやってきました。「カレシはいるの？　アッチの方は充実している？」と露骨に卑猥な言葉を吐き、好色そうなだらしない顔つきの男性社員もたくさん見にきます。

中にはデジカメを持って撮影にくる社員もいました。もちろん自分が撮影されることは断りましたが、「馬鹿野郎、これは仕事の記録だ。そんなことも分からないのか！」と逆に叱り飛ばされました。ですが、その人の弛緩しきった顔から、趣味だったことに間違いありません。

私たちがどんなに嫌がっても、「もっと胸を突き出して！　スカート丈はもっと短い方がいいなあ」とシャッターを切っていきます。さすがに「これはセクハラじゃありませんか」と上司に抗議しましたが、「そんな固いこと言わないでさ。小山田さんもまんざらでもないんだろう、え？　この仕事の後、飲みに行こうよ」で片づけられました。

後で学生時代の友達から、その展示会で働いていた私の恥ずかしい恰好の写真がネットに載っていると言われて愕然としました。

それも卑猥なサイトで、本職のコンパニオンと比較されて、スタイルや露出度の点数付けまでしてありました。こんなことのために この会社に入社したわけじゃないのに。しばらくは立ち直れませんでした。

一番ショックだったのは、当時の勤務評定に、「自主性に欠ける」「仕事に個性が発揮できていない」というマイナス評価が並んでいたのを見たときです。こんな仕事で、どうやって自主性を出すのでしょうか。図面の清書とゲラの校正に、どうやって個性を発揮するのでしょうか。

そのとき私は、真剣に転職を考えました。男性社員は全員総合職で、頭が悪くてあるのは体力だけという人でも、一般職の女性よりも高い給料をもらっていました。マニュアル製作に携わるのは、私を含め2名の女子総合職と、6名の一般職のみでした。8人とも全員女性です。男性社員は一切、関知しません。「俺、そういう細かいこと苦手なんだけど、小山田さんはさすがだね」という、取って付けたような褒め言葉があっただけです。

学生時代の友達と会うと、いつも「幸江は凄いよねぇ。営業企画部企画課なんて大出世じゃない」と言われます。その都度、自分が実際に携わっている仕事の地味さに泣きたくなりました。

だいたい女性が集まると、自分の勤めている会社での女性の地位についての話題になりますが、「幸江は凄いよねぇ。マニュアルを完全に任されているんでしょう。ウチでは考えられないよ」と大学の同期で旅行会社に勤めている友人に言われました。たしかに私が作ったマニュアルは、誰のチェックを受けることもなく、各国の営業現場へと流れていきます。しかし、それが果たして「仕事を任される」という範疇に入るものかどうかはまったくの疑問です。

法人営業企画部に移ってから4年目に大きな転機がありました。当時、A社は全事業部門にわたって、IT化を推進しており、素材事業部でもIT化の話が進み始めました。法人営業企画部に課せられたのは、法人向けのウェブサイトを日本語・英語で立ち上げることです。上司を含め、男性社員陣はIT音痴ばかり。リンクという言葉すら知りません。

私は自分から手を挙げて、その責任者になりました。1000種類以上の製品の図面や数値を、すべてウェブ化するという仕事です。3ヶ月という非常にタイトなスケジュールでしたが、とにかくマニュアル製作から開放されるということで、やる気満々で取り組みました。デザインや構成を決めたり、専用のウェブサーバを立ち上げたり、個々のページを作成したりと、助けてくれたIT企業と一緒になって、それこそ土日も関係のない3ヶ月でした。深夜にタクシーで何度、IT企業のオフィスにお邪魔したことでしょうか。ただ目新しい仕事だったので、苦痛はまったく感じませんでした。

それに、ウェブは上司達がよく分からない世界なので、すべての権限を任せてもらったことが、非常に嬉しく、またやりがいも感じました。日米のサーバで同時に立ち上げるため、海外出張も何度か経験しました。厳しい3ヶ月間でしたが、ウェブサイトは無事完成し、社内的にも、一定の評価を得ることができました。

もっとも立ち上げが終わると、また私の仕事はマニュアル製作に逆戻りです。さらにウェブの更新というルーチン業務も加わり、ますます時間に追われるようになりました。何ヶ月か経った頃、ウェブサイト製作で協力してくれたIT企業から、効率化の提案を受けました。

紙のマニュアルはコストも労力もかかるので、すべてウェブをベースにしようという話です。3年半も苦しいマニュアル製作に携わってきた私は、「これだ!」とすぐに飛びつき、早速、社内向けの企画書作成を始めました。

といっても、マニュアル製作があるので、企画書作りは、業務時間外、つまり深夜や土日にIT企業のオフィスの片隅を借りてコツコツとやりました。ようやく企画書もできあがり、また、ITに無知な上司達のためのデモ・サイトも立ち上げ、時間を取ってもらい、プレゼンテーションをしました。この企画には相当自信があり、効率化によって予算も削減できるので、私は、熱意を持って説明しました。しかし、返ってきた言葉は散々でした。

「君は営業の現場を知らないからね。やっぱり本になったマニュアルがないと商売はね」「ウェブはできたんだから、それでいいじゃない」「聞くところによると、相当

に頑張っているみたいだけど、女性がそこまでやらなくてもいいよ」「女性は結婚して、子供を育てるという大きな仕事があるんだから、まあ適当でいいじゃない」

まさに孤立無援でした。それから約1年、何度否定されても、私はことあるごとにプレゼンテーションと根回しを続けましたが、結論はボツでした。その間、何度も、「女性なのによく頑張るね」という言葉を、男性社員だけでなく、同じ女性総合職からも聞きました。最終的には「しつこいな君は！」「男性の仕事に口を出すんじゃない」と言われる始末で、ついに私の堪忍袋の緒も切れて、本気で転職を考えるようになりました。

今、中堅規模のIT関連企業に転職をしてつくづく感じますが、大企業は、仕事が細分化されすぎることで、結局は細かいルーチン・ワークの巨大な集合体になっていると思います。営業や商品企画など、数字で結果が判定できる部門はともかく、管理部門では、仕事のやりがいを見つけるのは、なかなか難しいことだと思います。特に女性の場合は圧倒的に管理部門に回される確率が高いですね。

誤解されぬよう弁護しますが、A社は決して男尊女卑の会社ではありません。ただ、「女性の仕事はここまで」「細かい仕事は女性、大胆な仕事や責任ある仕事は男性」という眼に見えないボーダーがあったのも事実です。

現在、給与はA社の頃より3割ぐらい減りましたし、福利厚生などほとんどありません。

長時間労働も相変わらずです。しかし、今の仕事は本当に男女平等で、やりがいもあり、個人の能力が結果となって反映しますし、とても充実しています。

結局は、個々人が、どこに生きがいを見つけるか、会社に何を求めるかによって、勤めている会社は良くも悪くもなりますよね。特に女性の場合は、男性よりもその傾向が強いかもしれません。

■小山田さんは、取材でこれまで鬱積していたものをすべて吐き出すように話してくれた後、今の職場がいかに充実しているのかを延々アピールし続けた。これまで彼女の仕事の話を客観的に聞いてくれた人はいなかったようだ。

【著者による業界診断】

総合電機メーカーは、家電などの民生品を多く製造する一方、産業用品の割合も非常に大きい。同じ会社の同じビルなのにフロアが違うだけで、いったい何の仕事をしているのか分からなくなるという話もよく聞く。また、これはこの業界だけではないのだが「女性ならではの細かい気遣いを必要としています」など、ことさら男女平等を採用広告でうたっている会社ほど、その実、陰湿な線引きがある可能性が高い。面接の際には、総合職として働いている先輩訪問は必須である。

◎自分でできる企業診断

ブラック企業の見分け方

◆新卒時に見極める

社会経験がない学生はブラック企業に騙されやすい傾向がある。以下のような点に注意し、ブラック企業につかまらないようにしたい。

【募集人数が異常に多い】

解説：これには2パターン考えられる。まずは大量退職を前提で採用人数を決めている会社。次に、ベンチャーなどに多い急成長企業の場合である。

前者は間違いなくブラック企業。後者は中途採用に関しても、大量採用をしていることがほとんどなので採用ウェブサイトを見れば見当がつく。

ただし、一概にブラック企業とはいえなかったとしても、激務であることは予想できるので、社長の経営方針に賛同できなかったり、やりがいを見いだせないとつらいだろう。

【会社説明会の段取りが異常に悪い】

解説：説明会を開催している、採用担当の力量不足なのか、採用へのモチベーションが低い。今や企業は学生に向けての「顔」として、会社説明会には社内でも優秀な社員を配属することが多いため、それでも段取りが悪いとなると、会社自体の質が低いと見ることができる。また採用担当者のモチベーションが低いのは、採用することに良心の呵責があったり、自分自身が辞めようと思っていることが多い。

【採用ウェブサイトが更新されない。作りが安っぽい】

解説：採用ウェブサイトは、マイページ（登録した学生だけが見られるページ）以外は、すべての学生、大学の就職課に対する「玄関」のようなもの。この作りがお粗末であれば、採用に使える予算が少ないと考えられる。これは人事のトップに学生は放っておいても採用できるという「ものすごく古い頭の持ち主」がいるか、経営陣が人材を大事に思っていない証拠だ。一概にブラック企業とはいえないが、入社後の待遇が分かるというもの。

【面接担当官の服装がよれよれ】

解説：面接は企業が学生を見るだけではなく、学生が社員を見る場所でもあることを忘れている。

つまり学生を舐めている。もしくは、「採用活動」が非常にハードでろくに家にも帰れず、服装に気をつかう余裕がない場合もある。どちらにしても入社しない方がベター。

【採用ツールが異常に豪華】
解説：前述した内容と矛盾するようだが、ブラック企業の中には、大金を投入して、分厚い入社案内やオリジナルツール、採用ウェブサイトを作っているところがある。会社説明会にきた学生を高そうなツールで釣り上げ、大量採用しようとしている可能性がある。あまり知名度がないのに、採用ツールだけは立派という企業には気を付けた方がいい。

【初任給が高すぎる】

解説：一流企業でもないのに、初任給が手取りで30万円を越える場合などは気を付けた方がいい。

「先物取引会社」「事業者金融」「悪質な不動産屋」などが、精神的・肉体的に厳しい仕事を納得させるため、高い給与を出している可能性がある。「普通の不動産屋かと思ったら、実際にやっていたことは地上げだった」などという話もある。

【学内セミナー、会社説明会、OB・OG訪問で会った社員（内定者）が異常にハイテンション】

解説：人事部は「自社がよい会社である」という洗脳が完了した社員だけを学生に会わせるので、当然のことだがOB・OGの言葉を鵜呑みにしない方がいい。新興宗教の勧誘を想像してほしい。

「このサークル（会、宗教）に入ると、いいことずくめですよ。今すぐ入らないと損をしますよ」

彼らの言動はテンションの高いOB・OGに共通するところがある。早口で会社のいい点ばかりを並び立てるOB・OGに出会ったら、その会社はブラックかもしれないと一度は疑った方がいい。

【選考通過、次回面接のメールが夜遅く送られてくる】

解説：これは解説するまでもないだろう。採用担当者がその時間まで働いているということだ。

最近は学生の応募課程を専用のアプリケーションで管理している企業がほとんどで、合否のメールも一括送信できるようになっている。

そんな便利な環境でありながら、メールの送信が遅いということは、採用の人手が足りないか、仕事の段取りが悪いかのどちらかである。

◆転職時に見極める

転職の場合は、それまでに培ったスキルを活かすか、新しい業界に飛び込むかで見抜き方も変わってくるが、前者は自分のいた会社と比べられるので、主として後者について語っていこう。


【求人広告が常に掲載されている】

解説：採用ウェブサイト、リクナビネクストなどのポータルサイト、どちらについても言えるが、これは常に退職者が出ていることの証左と考えていい。

欠員を埋めるタイプの採用でも、事業が大きく展開するための予定戦力補給型の採用でも、いい人材が入れば、採用広告は打ち切るはず。それが年中掲載されているということは……。後は言うまでもないだろう。


【募集資格が学歴不問、未経験者歓迎の会社】

解説：要するに体力さえあれば誰にでもできる仕事だということ。もしくは、社員自身ではなく、社員の親兄弟、親戚、友人知人に「モノを売りつける」ことを主眼にしている会社。

前者は当然、やりがいも生まれず、概して給与が低く、拘束時間も長い。

後者の場合は生保のリテール営業のように、とにかく社員の人脈を期待して採用しているため、よほど営業力のある人でない限り生き残っていくことは難しいので、関わらない方がいい。

また、なんらかの目的で個人情報を集めている企業の場合もある。要注意だ。

【事務職なのに要普通免許の会社】

解説：事務職と偽って人材を集め、営業をやらせる典型的なパターン。「営業職募集」と銘打っては人が集まらない程度の会社。

会社の方も商品が売れないことが分かっているのではないか。近寄らない方がいい。

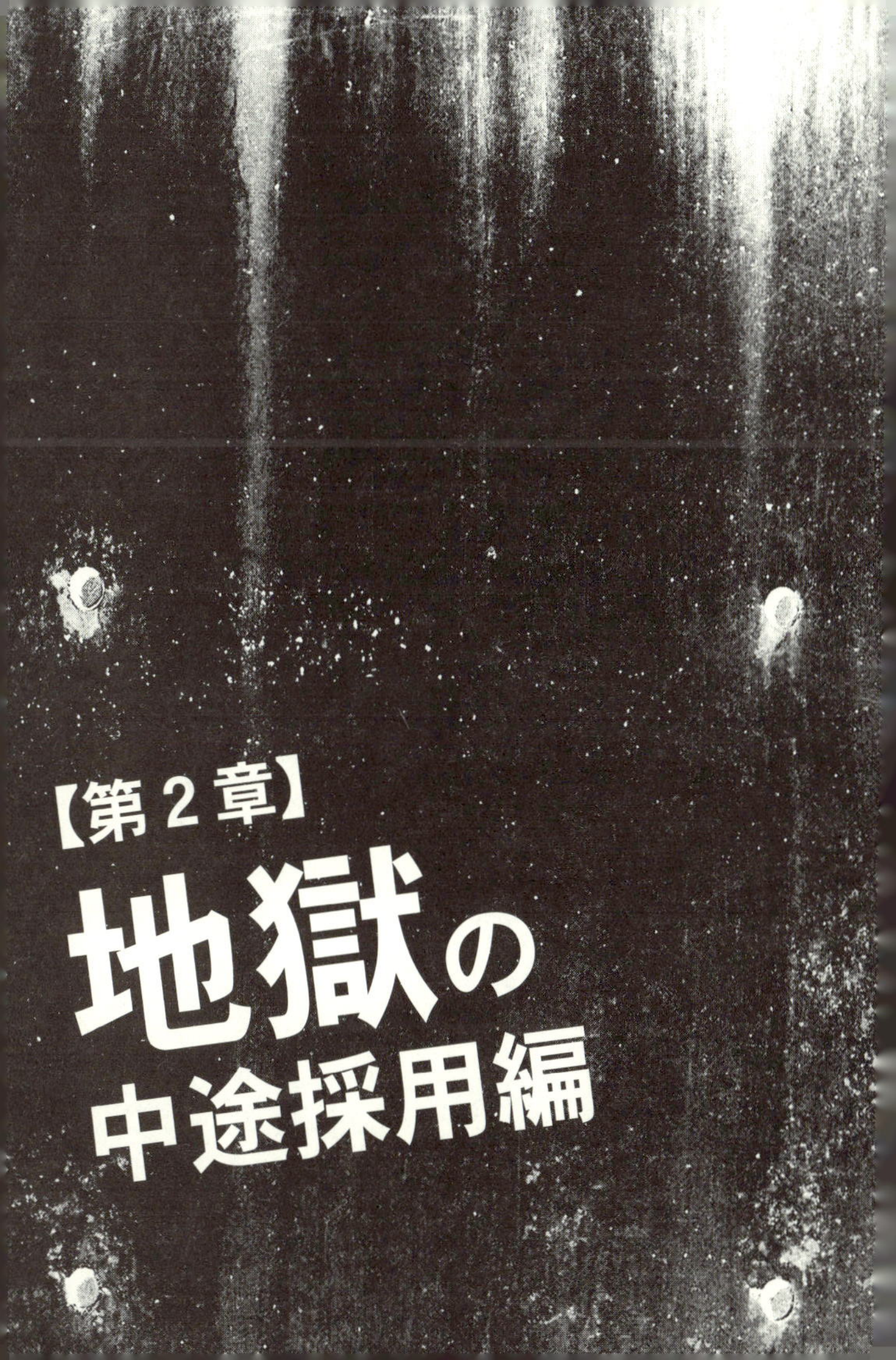

【第２章】

地獄の中途採用編

chapter.7

シロアリ駆除会社

吉田亨さん（29歳・男性　就業年数：5年）

仕事内容：アポイントメントもなしに突然やってくるシロアリ駆除業者は、ほぼ間違いなくブラック企業だと思った方がいい。「無料」であることを必要以上に強調し、「サービス期間だから」「この地域の担当になったので」と言い、とにかく床下を調べさせてほしいと、検査を迫る。ここで入り込むことができれば、成約率は5割以上だ。

激務度：★★★★　薄給度：★★★　悪質度：★★★★★

残業・休日手当：なし

イメージ写真：シロアリに食い荒らされ、中心が空洞になった材木。大型地震が起きたときのことを考えると、うすら寒いものを感じる。

「私たち営業マンの方が、お客さんを食いつぶすシロアリですよ。」

■吉田さんとは、行きつけの飲み屋で知り合った。ぼさぼさアタマに長いもみあげ、黒いセルフレームのメガネをした、どこにでもいるような若者に見える。

本当にとんでもない会社でした。ハローワークの求人票で見つけました。一部上場企業で、西日本では有名な企業の1つだったので、内定をもらえて最初は嬉しかったのですが、後悔しきりです。

同期入社は100人以上いたと思いますが、ほとんど辞めています。厳しい売上ノルマがあって、達成できないと強烈なペナルティがありましたからね。

成約まで持っていくのは大変ですが、いったん取ってきた契約に対しては、工事しながら他の商品を追加させる、いわゆる次々（ツギツギ）販売でした。

仕事内容は、訪問販売で床下の無料点検の約束を取り、点検を実施して、湿気やシロアリの発生をお客様に報告し、契約をいただくというものです。

実際に私が携わったケースでご紹介しましょう。

まず営業が自分の担当地区を決めます。これは他の営業が、その地区を担当地区にしていなければ、自分の意思で選ぶことができました。ゼンリン住宅地図のコピーを4枚～6枚貼り合わせ、1枚の広い地図を作り、一軒一軒訪ねていきます。

狙いは独居老人や老人夫婦の家庭です。彼らは、暇で話し相手に飢えていて、なおかつお金を貯め込んでいる場合が多いですからね。いいカモでした。

庭の手入れをしているおじいさんを見つけると「初めまして、こんにちは。このあたりに来たのは初めてで、迷子になってしまったのですが、道を教えてもらえませんか？」最初はこんなふうに話しかけます。

「それはお困りですね。まあ、立ち話もなんだから上がってください」

相手が老人の場合、こうして家に上げてもらえれば半分の確率で、成約に持ち込めます。「いやー、立派なお宅ですね。築何年くらいですか？」とさりげなく話を家の方に持っていきます。「もう戦前のものだから、わしと同じで長生きしているだけです」おじいさんは、なんの疑いもなく話に乗ってきます。

「古い家って地震のときとか危ないじゃないですか？　何か対策はしていらっしゃるんです

か？　お子さんが何か考えていらっしゃるのでしょうか？」

　家の雰囲気から、老人家庭であることは分かっていますが、あえてこういう聞き方をします。

「いや、子供達は全然寄りつかなくてね。あんたと同じくらいの年頃なんだけどね。家に関しては、特に何もしていないよ。わしと同じで古いだけだよ」

　こういう反応をもらえれば、成約したも同然です。「危ないですねえ。ちょっと軒下を見てみましょうか？」こうして、床下無料点検に持ち込みます。最初、迷子になったという話とはまったく別に、家の点検に話の流れを変えていくんです。

「ああ、シロアリにかなり食われているみたいですね。このままじゃ危ないですよ。知り合いに専門家がいますので、頼んで詳しく見てみましょうか？　もちろん検査は無料だから心配しなくて大丈夫ですよ」などと続けますね。

　無料点検をさせてもらえるお客さんを「見込み」と言います。そして「点検」です。「点検」は、畳もしくは台所の収納庫を外して床下に潜ります。で、シロアリの状況、その他の害虫、湿気、カビ、床下の風通し、基礎のひび割れ、柱のズレなどをデジカメに撮って説明します。

「ああ、やっぱりかなりひどいことになっていますね！　特別に格安で修理しておきましょう」

　これで成約です。

　工事をして5年間は保証が付きます。例えばシロアリ駆除なら5年間のシロアリ再発時の消毒、被害部分の修復費用は最大１０００万円まで保障されます。これは実際にやっていました。といっても、保険に入っているのでお金は保険会社が払うのですが……。

そして、5年間は再発を防ぐために、毎年定期点検をします。私がいた頃の会社の商品は、シロアリ駆除消毒、シロアリ予防消毒をはじめ、防カビ消毒、床下換気扇、床下乾燥剤、天井裏換気扇、耐アリ束（束柱の替りになるプラスチック製のジャッキ）、家屋補強システムなどがありました。今はいくつか増えているらしいです。

営業がお客様のところに行くときには、すでに良心というものを持っていません。営業しやすい家からは、際限なくお金をしゃぶり尽くします。

営業が初回、新規で契約を取ることができるのは、経済力のあるお客様に当たったときや、営業力によってですが、それにはある程度の限度があります。しかし、別の機会となれば、更なる契約も可能となります。年に1回の定期点検のときに追加販売をするのです。

定期点検は電話でアポを取ります。お客様はシロアリ再発防止のための無料サービス点検と思っていますので、簡単に点検を受けます。新規開拓に比べ、かなり簡単に「見込み」が取れることになります。シロアリ消毒しかしていない家なら、換気扇や乾燥剤、補強などを薦めます。気の弱い人や、騙されやすい人は追加契約をします。

「お客様、シロアリ駆除の方は完璧ですが、肝心の家の方がいかれていますよ。これは至急直さないと大変なことになりますよ。地震が来たら一発でアウトです」などとお客様が不安になるようなことを話しかけます。

言葉は丁寧ですが、脅迫以外の何物でもありません。これが繰り返されていくうちに、契約が取りやすい家が分かってきます。年に1回の定期点検が、契約の取れやすい家は半年に1回、3ヶ月に1回となっていき、完全にカモと見なされた家には毎月点検に行き、その度に高額商品を売り付けます。

「ああ、ここもいかれていますね。今ちょうどウチでサービス期間中だからやっておきますね」

お客様はそれまで散々工事費用を払ってきたので、一箇所でも危険なところがあると聞くと、もうロボットのように契約します。しまいにはお客様の許可も得ずに「やっておいたから、契約してね」などと勝手に工事をしてしまうこともあります。

高額商品を売り付ける社員は、日々営業所で厳しいノルマ達成を求められているので、良心が完全に麻痺しています。良心云々を考えている余裕はありません。もちろん、初回も全力でできるだけ高額になるように頑張ります。工事のときも、技術職（工事人）が追加販売をします。これが顧客を完全に食い尽くすシステムです。

平成15年あたりからテレビなどマスコミで、床下点検商法が悪質な詐欺として取り上げられるようになりましたが、まったくその通りでした。

それから消費者の方も気を付けるようになってきたので、ノルマ未達の営業が増えてきました。営業成績不振者への営業所内での暴力はたまにありました。成績の悪い営業へのペナルティは常軌を逸脱していました。

翌日までに反省レポートを用紙30枚提出させたり、長時間の正座など、常識では考えられない罰則がありました。

「お前ら、根性を出せ！　気合いがあれば何でもできるんだ！　いいな？　分かったか」。私の上司は「気合い」という言葉が好きで、本当によく使っていました。

全国に当時約150の支店、営業所があり、営業成績不振者を集めて研修がよく行なわれていました。研修の内容は分単位で予定が組まれており、ほとんどが精神を鍛えるための発声や、整列して長時間の立ちっ放しなどでした。真冬の寒中水泳や、深夜の登山などもありました。

社長の号令の中、永遠に続く腕立て伏せ、スクワットをやらされることもありました。脱落した人は怒鳴られ、殴られていたそうです。

勤務時間も長く、朝7時から夜11時近くまで毎日残業でした。その後、成績不振者は、営業所近隣の山に集合して登山ということもよくありました。下山して家に着くのは朝5時頃です。その日ももちろん普通に出勤です。早朝手当、残業代は当然ありません。休みも月に1日あればいい方でした。

退職直後に未払いの残業代を請求しましたが、もらえたのは「すずめの涙」でしたね。残業代については、一時期、退職者が労働基準監督署に相談した後、未払いの残業代を請求するブームが起きて、少しはマシになったらしいです。

しかし、既存の社員は「未払い残業代を請求しません」という念書を書かされたらしいです。ちなみに私が退職した直後に請求ブームが起きたので、私も請求しました。示談金というカタチで示談書を書かされ、お金を受け取りました。ただ本当にわずかな金額でした。

私には今4歳になる息子がいるのですが、落としたアイスクリームなどにアリがたかるのを見ていたりすると、無意識のうちに叱り飛ばしてしまいます。妻からは「一体どうしたのよ」と怒られますが、もうアリがトラウマになってしまっているみたいです。

昔の職場での異常な体験がフラッシュバックしてくるんですよ、アリを見ると。季節はアリを見かけないですむ冬がいいですね。昆虫の類も嫌いですね。息子が大きくなって、カブトムシやクワガタを飼いだしたらどうしようかって、今そんなことを悩んでいますよ。

■吉田さんは現在、製薬会社の研究職として、充実した設備の職場で、のびのびと新薬開発に携わる仕事に従事している。職場の同僚にも、このシロアリ駆除会社で働いていたことは内緒にしているそうだ。

【著者による業界診断】

次々（ツギツギ）商法とは、被害者に対して、次々と接近してきて、いろいろな契約をさせる商法のことだ。別の業者が次々と接近してくるのは、業者間で、騙されやすい人や契約を断りきれない人などの個人情報が出回っているからである。点検商法とは、営業マンが、「床下にシロアリがたくさんいて、このままだと家が潰れる」「地震が来たときに大変だ」などと、不安感をあおるようなことを言い、不必要かつ不当な内容の工事を、高額な金額で契約させる商法のことである。

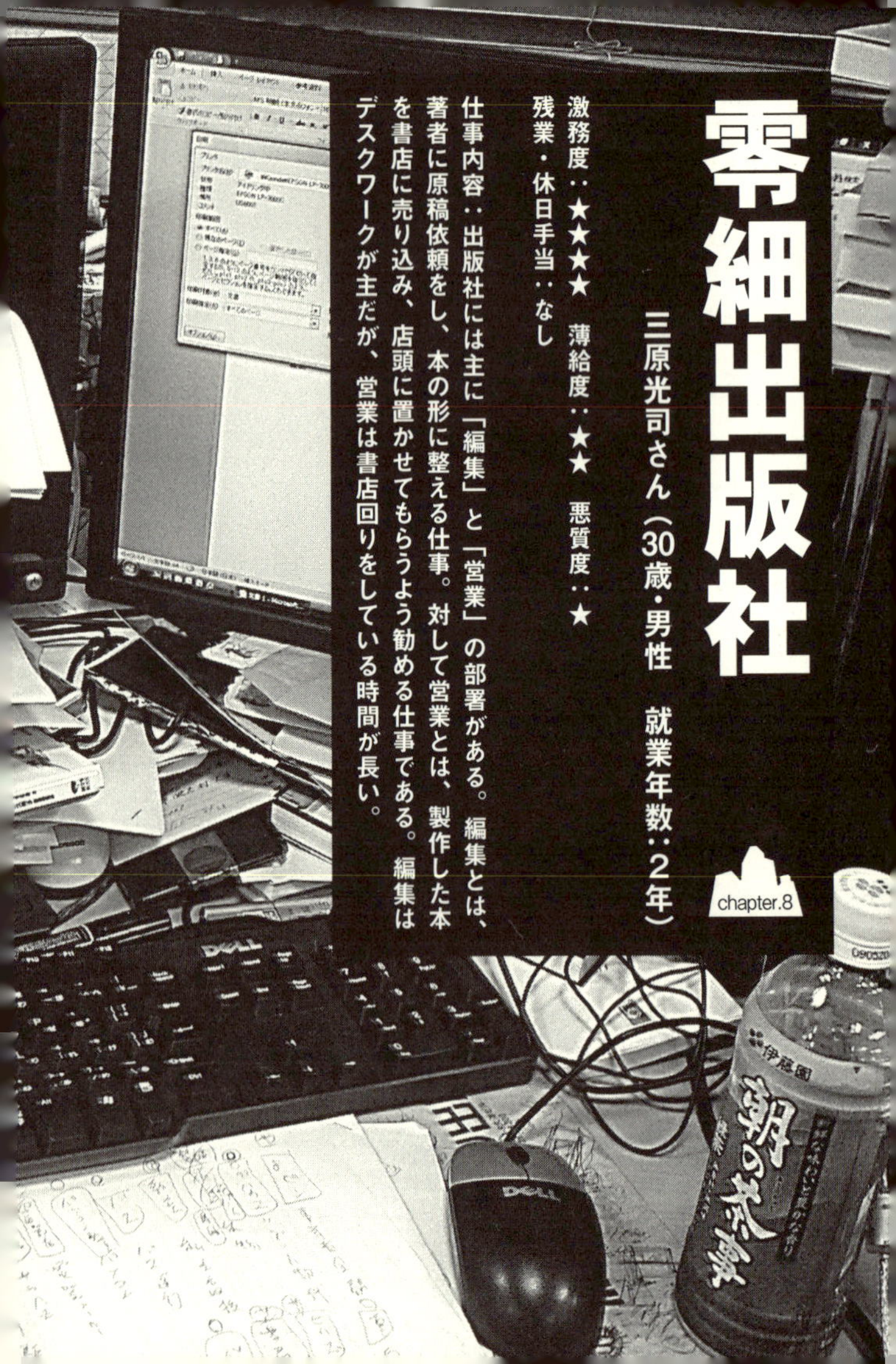

chapter.8

零細出版社

三原光司さん（30歳・男性　就業年数：2年）

激務度：★★★★　薄給度：★★　悪質度：★
残業・休日手当：なし

仕事内容：出版社には主に「編集」と「営業」の部署がある。編集とは、著者に原稿依頼をし、本の形に整える仕事。対して営業とは、製作した本を書店に売り込み、店頭に置かせてもらうよう勧める仕事である。編集はデスクワークが主だが、営業は書店回りをしている時間が長い。

イメージ写真：ある編集者の机。書類などが積み重なり、ほとんどものを置くスペースがない。

「なぜか試用期間の私だけ、正月も会社で原稿チェックです。」

■三原さんとは編集者の紹介で知り合った。20代後半の好青年のような風貌だったが、昔勤めていた出版社の話を始めると、言葉の端々に苦いものが滲むようになった。

就活の第一志望は出版業界でした。ですが、競争率の高い業界ですから全滅で、まったく異なる業界に就職しました。それでも本に関する仕事をしたいという夢が諦められず、出版社のウェブサイトを回って「採用情報」のページをチェックしたり、出版社の求人広告が多いということで朝日新聞をチェックしたりしていました。

他の業界で働いて2年後、社員8名の零細出版社がウェブサイトで中途採用をしているのを見て、ダメ元で応募しました。受かるとは思っていなかったんですが、提出した企画がよかったのか、採用になり、天にも昇る気持ちでした。

早速、それまでいた会社に辞表を出して辞めましたよ。その会社では新入社員としては大きな仕事を任されていて、社長にも期待されていたんですが、夢の実現には変えられないじゃないですか。

だけど、入社して3ヶ月もすると、理想と現実のギャップに、ひょっとしたら転職を失敗したかもしれないと思うようになりました。この会社では非常に内容の固い人文系の書籍を作っていたのですが、入社した私にまず与えられたのは、文字の校正です。

これは一字一句本文に間違いが無いかをチェックしていくというもので、編集者の基本であると教わりました。ただ、まったく興味の持てない、例えば江戸時代の文化考証に関する原稿を、朝から晩まで読み続けるのは結構しんどいことでした。

読み始めて30分もすれば、眠くなってきます。しかし、私は半年間は試用期間としていわばアルバイト扱いで採られていたので、仕事に対する意欲をアピールしなければなりません。目の下にメントールの液体を塗ったり、舌がしびれるような辛いガムを噛みながら、なんとか校正の仕事をしましたよ。

疑問に思ったのは、他の編集者の仕事態度です。私が何時間も校正をしているのに、先輩編集者のパソコンに目をやると、ゲームで時間を潰しているんです。この会社は大丈夫なのかと不安になりましたよ。

会社の経営状態は非常に悪く、社員の士気も下がっていたんだと思います。よく編集長と社長が、お金のことで社内で怒鳴りあっていましたからね。

社中にはいつもどんよりとした重い空気が漂っていました。出版業界もしばらく前までは不況知らずなんて言われていたようですが、最近では大手、中小問わずにどの会社も経営が厳しくなっていて、そんな閉塞的な雰囲気がダイレクトに影響していたのかもしれませんね。

ショックを受けたのは、入社して最初の正月を迎えたときのことです。私は他の社員より先に自分の持ち分の仕事が終わっていたので、自ら挙手して、手伝いを申し出ました。

3人いた編集者たちから少しずつ仕事をもらい、それに取り組んでいたのですが、逆に自分の仕事量が多くなり過ぎてしまい、このままでは年末年始の休みが取れそうにないという状況になりました。

私は相談しましたよ。先輩に「前にもらった仕事ですが、やっぱり少し戻してもらっていいですか。自分には多すぎて正月に休みが取れそうにないんです」って。すると、眉間に皺を寄せた先輩から「三原君がほしいっていうから渡したんじゃないか。僕は僕でスケジュールを組んでしまったから、その仕事はできないよ」という言葉が返ってきました。他の編集者も同じ意見でした。

それなら仕方がない、みんな自分以上の仕事を抱えているんだ。年末年始は全員で働いて乗り切ろうなんて思っていました。その年の業務は28日か29日までだったと思うのですが、仕事が残っている自分は当然、翌日も出社します。

でも、会社内はガラーンとしています。誰もいないんです。ウソだろうと思いましたが、本当でした。私はその日から仕事始めの1月5日まで休みなく働きましたが、結局誰1人として出社しませんでした。

コンビニで買ってきたおでんを食べながら、1人で仕事をしていて、なんでまだ正社員ではない自分が正月休みなく働いて、みんなは休んでいるんだろうとむなしくなりましたね。辞めてやろうかとも思ったのですが、ようやく出版社で働くことができたのです。こんなことで腐ってはいけないと自分を諌めました。

しかし、仕事始めのときに出社してきた先輩の言葉にキレそうになりました。私がずっと働いていたことを伝えると、「ふーん、休みが取れないってことは効率が悪いってことじゃないの?」と他人事のように言うのです。あなたの仕事をもらったから自分は働いていたんだろうと言いたくなりましたが、ぐっと堪えました。

こんな調子ですから業績が良くなるはずがありません。新米の私の給料もひどいものでした。試用期間の時給は700円。ひょっとしたら最低賃金を下回っていたかもしれません。とはいえ、1ヶ月に信じられないほど残業をしていたので、まとまると一応生活できるだけの額にはなりました。本当にひどいのはその後です。

半年間経って、正社員になることができたのですが、給料が手取りで16万円です。目を疑いましたよ。試用期間中よりも、正社員になった方が給料が安くなってしまったんです。そうです。正社員には残業代がつかないことが原因です。

中小の出版社のサービス残業は半ば当然と思われているのですが、それでも試用期間より手取りが少なくなることがショックでしたね。最初から贅沢な生活なんて求めていなかったのですが、生きていくのにやっとという状況でした。

少しでも飲み会が増えたり、友達の結婚式があったりすると、貯金が減っていくんですね。毎日くたくたになるまで働いて、精も魂も尽き果てているのに、毎月のように赤字で、気持ちが枯れていきますよ。

今後、会社に展望は見えないし、作っているのはまるで興味の持てない本ばかり。夜中、布団の中で自分の将来を想像して、身悶えするような絶望を味わったこともあります。

でも、せっかく入った出版社です。一念発起して、企画書を上にバンバンあげました。部数が見込めず、図書館や巨大書店にしか入らない本ではなく、一般の人が読んでくれるような本の企画です。

睡眠時間を削っていくつも企画書を上げましたが、痩せぎすの編集長は乾いた声で、「あとで見るから机に置いておいて」と言うだけです。私は見てもらえるだけでも嬉しいと思い、机の上にいつも置いていましたが、一向に編集長からは言葉がもらえません。

企画がダメならダメで、良いか悪いかぐらい言ってほしいじゃないですか。私から聞いたこともありますよ。「編集長、この間の企画はどうでしたか?」って。するとふむふむと訳あり顔で頷いて、「完全に悪いわけじゃないが、市場が見えていない。どうすれば読者が喜んでくれる本を作れるか考えた方がいい」とアドバイスしてくれました。

厳しい言葉でしたが、嬉しかったです。その後、また企画書作りに励みました。でも、あるとき、見てしまったんです。編集長の机は社内の奥まった場所にあるのですが、コピー機が近くに置いてあります。

私がコピーを取りにいくと、先程、机の上に置いた私の企画書を編集長が手に取るところでした。私は足を止めて、心臓を高鳴らせながら、どんな反応があるのか見ていました。背後に立っている私に編集長は気付いていません。編集長は企画書を手に取るなり、一度首を傾げてから、そのまま足元にあるゴミ箱の中に滑らせたんです。ゴミ箱の底に企画書が当たったときの「コツッ」という音が聞こえて、呆然としました。

これまでも私の企画書なんか見ていなかったんです。怒るというより、失望が込み上げてきて、そのまま音を立てないよう、編集長に気付かれないよう、後ずさりしました。その後、もう馬鹿馬鹿しくなってしまって、企画書を提出することもなくなりました。

夢だのなんだの言ってられなくなってきました。昼食をとりに外に出たとき、道路を挟んで向こう側を先輩が歩いている姿が目に入りました。声をかけようと思い、近付いていったんですが、先輩はスッと地下の階段を下りていくんです。食べ物屋かなと思ったんですが、看板を見て引きましたよ。ゲームセンターに入っていったんです。もう、この会社はダメだなとそのとき思いました。

それでも2年間は働いたのですが、どうしても我慢できないことがあって辞めました。

その頃になると、私も責任のある仕事を任されるようになっていて、本のカバーの入稿を担当していたんです。念入りにチェックをしたはずだったのですが、バーコードに間違いがあって、これでは流通できないという話になりました。すぐにその部分に貼るシールを作り、シールを上張りして対処したのですが、数日後、出社して驚きました。

机の上に1枚の紙が置いてあったんです。なんだろうと思って見てみると、「請求書」とありました。名目は、「シール代金」、金額は3、4万円だったと思います。私のミスに対して、その分かかった費用を請求してきたんです。

編集長はもっと大きなミスを連発しているのにお咎めなしで、私にはこうしてペナルティが課せられる。限界でした。それでも少し考えたんです。好きな仕事でしたから。

悩んだ挙げ句に辞めました。その後、出版社にいたときに出席した飲み会で知り合った編集プロダクションの社長に拾われて、今は編集プロダクションで仕事をしています。契約社員という形で、生活が苦しいことに変わりはないんですが、私の出した企画が通ることもありますし、前にいた出版社とは比べ物にならないほど充実しています。

■その後、三原さんは、出版への熱い思いを語ってくれた。今回は結局、前の出版社に対しては恨み節を述べるような形になったが、「でも、その会社があったから、私は今、出版に携れています。感謝もしていますよ」とさわやかな声で語ってくれた。

【著者による業界診断】

出版業界は人気の高い業界であるが、決して先行きは明るくない。不況に強いと言われてきた出版業界だが、規模は年々縮小し、相次ぐ雑誌の休刊、出版社の倒産など、厳しい風が吹き荒れている。大手出版社は好待遇だが、出版社はその規模、個別の会社の事情によって、著しく経営状況・待遇が異なる。三原さんのように、働いても働いても食えないという人もいるので、「なんとなくカッコいいから」などという理由だけで出版業界を就職先に選ばないほうが無難だろう。

chapter.9

広告代理店

穴井信朗さん（44歳・男性　就業年数：12年）

激務度：★★★★　薄給度：★★★　悪質度：★★
残業・休日手当：なし

仕事内容：クライアント（スポンサー）企業から利益を得て、主に外注スタッフのデザイナー、コピーライター、カメラマンなどに仕事を割り振り、外注費との差益で成り立っているビジネス。スタッフの仕事を統括し、メディアで広告表現する。一見華やかな職業に思えるが、営業はクライアント企業の言いなりになって、企画提案よりも、接待で仕事を取ることが多い。クリエーターは1年中24時間拘束され、常に睡眠不足で過労状態ということもある。大手広告代理店の中には、クライアント企業の役職者の子弟を「人質」として、縁故採用していることも多い。

イメージ写真：電車内で目にする広告を取り扱うのも、広告代理店の仕事。

「学歴詐称のワンマン社長とその彼女、子分がやりたい放題の会社でした。」

■穴井さんと筆者は、学生時代の友達。しかし、会ったのは数年ぶりだった。穴井さんが大手広告代理店から零細企業に転職したところまでは知っていたが、最近とことん失望してその会社を辞めたという噂を聞いて、連絡を取ってみた。

新卒で入社した広告代理店は、とっくに辞めたよ。失業保険をもらいながら、半年くらいぶらぶらしていた。

その後、その広告代理店を同時期に辞めた上司が、新しい会社を立ち上げたんで、仕事の手伝いを始めたんだ。結局そのまま、その会社に就職。最初は社長も入れて4人でのスタート。私以外の社員も前の会社の同僚やアルバイトだった。

会社創立から1年経って少し暇になった時期に、社長が寝起きしているアパートと職場を分けようと、引っ越ししたんだ。それまでは社長の住居の小汚いアパートで仕事をしていたからね。それでとりあえず女性社員をアシスタントとして採用しようということになった。

社員4名全員男性だったから、会社に来るモチベーションを上げようということでね。

履歴書の写真や職務経歴書を見ながら、どんな人が応募に来るのか、ドキドキしながら待っていて、本当に楽しみだったよ。

面接は結構いい加減だったね。最後は多数決で見映えのよさそうな女性を選んだんだ。

2名の女性社員が入社して、その頃は毎日仕事が終わると、誰からともなく「一杯、いきますか?」って、飲みにいっていた。もちろん社長のおごりでね。仕事はハードだったけど、今思い出すとその時期が一番楽しかったね。

残業は土日も出社して月に150時間以上だったけど、残業代は出なかった。それでも働かされているというよりは、自発的に働くモチベーションが高かったからまったく気にならなかったね。ただ会社創立から数年は社保や雇用保険はなかったから、国民健康保険は自分で支払いにいっていたよ。

創立3年目くらいかな、社長が女性社員の1人と付き合いだしたんだ。社長はバツイチで独身だったし、女性社員も独身でなんの問題もなかったけど、年の差は20歳くらいあったね。土日に休日出勤して働いていると、昼頃2人が「同伴出勤」してくることがあったから、本人達は隠していたつもりだろうけど、もうバレバレだったよ。

ただ彼女の方は、どうしても「社長の彼女」というオーラが出てきて、日常会話も上から目線になっちゃって、他の社員はしらけていたね。たった数名の会社での社内恋愛は一大イベントだからね。

「社長も身近なところで調達したなあ」って、当時は同僚と笑いあっていたよ。その後、毎年、仕事が一段落する春になると会社を引っ越して、中途社員を採用するということが繰り返されていた。社長は見栄張りで、会社を少しでも大きな組織に見せたいというのと、社員が増えて手狭になったという事情からだね。

さっき話した社長の彼女は身体を壊して退職していたけど、その前に別れていたようだった。その頃から徐々に直取引も増えてきて、営業社員も必要になって来たんで、前の広告代理店からSっていう営業を引きずり込んだんだ。

でも、こいつが諸悪の根元だった。Sは前の会社の後輩で、また仲間が増えたなって喜んでいた。ところがこのSが社長のイエスマンになりきって権力を持つようになり、増長し始めたんだ。

Sは年長者には丁寧語で話すけど、年下には威圧的なやつだった。女性社員にもセクハラまがいの会話を平気でするし、女性社員を飲みに連れ出しては、飲み代を会社の経費で落としていた。社長の腹心になったから、経費も使い放題だったんだ。社内でも指先でいやらしいマークを作ったりしていたけど、たぶん本人には自覚がなく、ナチュラルに昭和の男という感じだった。こいつは企画書や新聞を読むときに指につばを付けてめくるような、典型的なオヤジ体質で、女子社員からは、陰で「キモい」って言われていたんだけどね。

その頃、新しく入社した女性社員と、社長がまたできちゃったんだよ。社長はロリコンで「25歳を過ぎたら、女じゃない」って常々公言していたんだけど今度の相手は30歳過ぎのバツイチだった。どんな心境の変化があったのかは分からないけど、その後、社長、S、社長の彼女の3人が会社を牛耳るようになってきたんだよ。

会社自体は儲かっていて、日経新聞にカラー全面の企業広告を出したりもしていた。

かなりの費用だったみたいだけど、社長の見栄と計算だろうね。「日本の未来を支えたい」とか何とかいう誇大広告だった。誇大広告というより、誇大妄想かなあ。

経営状態が上向きでも、社員への待遇はひどいままだったね。社員は毎年何人も採用するんだけど、定着率が悪く、社歴4年以上なのは社長サイド以外には、営業の男性とディレクターの女性だけだった。彼らも社長派閥に取り込まれたので、長続きできていたんだと思うよ。

社長は会社を大きくして、知名度を高めたいと常々言っていた。それはもちろんありだと思うけど、私としては組織という器云々よりも、もっとクライアント企業の課題にコミットメントできる仕事がしたいという思いが強くなってきたんだ。

単純に広告としてパンフレットやウェブサイトを作るのではなくて、根本的な問題を一緒に解決できるようなコンサル的な仕事がしたくなってきていたんだ。実際、私のクライアント企業からも「穴井さん、ぜひお願いします。一緒に考えてください」というオーダーがあったんだけど、社長は「そういうのは儲からないからやるな」と言い放つだけだった。

とにかく有名人気企業の仕事を数多くこなせと言うばかりで、話は平行線だったよ。有名人気企業がクライアントだと、会社の実績に箔が付くからね。

社長一派とは話をしたくないので、出社してもなるべく外で打ち合わせのアポを入れるようにしていた。社内にいるときも社長サイドの人間は視野からカットしてコミュニケーションは取らなかった。

私は持病を持っていて、飲酒は控えるように医者に言われていたんだけど、ストレスで毎晩飲んでいたね。社長の方も一番の古株なのに、なびかない私を敵視するようになってきて、関係は最悪だった。実は会社創立時に資金が足りないからって言われて、社長にお金を貸したこともあったのに、だよ。

社長はとにかく見栄っ張りで虚勢を張る人だった。学歴も詐称している。対外的には慶応大学文学部卒業ということになっていたけど、実際は高卒なんだよ。笑っちゃうよね。

そのせいか学歴コンプレックスが異常に強かったね。日経新聞に全面広告を出したときも、会社の認知度向上もあったと思うけど、そこに自分の名前を載せたいっていう思いが強かったんだと思うよ。

私が辞めた後には、外部スタッフだけを集めてホテルで宴会をしたらしい。それもスタッフの慰労という目的だったらしいけど、本当はこんなに懐の大きい会社なんだというアピールのためだと思う。そんなお金があるんなら、社員にボーナスや一時金として還元してあげればいいのに。

社長の口癖は「働け！　死ぬまで働け！」だった。冗談めかして言っていた社長の目が笑っていなかったのは、今でも憶えているよ。

会社同様、社長の自宅もこまめに引っ越していたんだけど、自宅マンションの費用も引っ越し代も100%会社の経費だった。社長はいいよね。私は、マンションのローンと娘の学費でヒーヒー言っているのにさ。

良くも悪くも零細企業の社風には、社長のキャラクターが影響すると思う。社員の定着率が悪いのも、社長のエゴがSによって増幅してしまったせいだろうね。

社長はいまだに前にいた広告代理店のことが好きらしく、会社をそれに近づけていこうと努力しているみたいだけど、社員数が100分の1だからね。

私は今年の初めに辞めたんだけど、その後も続々と社員が辞めていったらしいよ。社長の新しい彼女も辞めたらしい。また別れたせいなのかは分からないけどね。

今は20人くらい社員がいるらしいんだけど、そのうちの7割が去年と今年の採用で入社した社員だってさ。

私にとって社長は前の会社時代の上司だったから、この会社の経営者ということ以上に信頼感があったんだ。私がこの業界で仕事を覚えられたのも、全部、彼のおかげだったからね。でも、歳月と共に人は変わるね。前の会社時代には偏屈で堅実な感じだったのが、突然、イケイケになっちゃった感じかな。それを指摘すると「人間って、この歳になっても成長できるんだなあ」なんて笑っていたけど、もう昔の話だね。

この会社は私にとってはもう過去のものだけど、潰れるんじゃないかと、心配ではあるんだよ。未練なのかな。

■穴井さんは、取材を終えると寂しげに微笑んだ。今はまだ、この会社のときに貯めた貯金があるので、働かなくてもいいらしいが、40歳を越えた人間が簡単に転職できる世の中ではない。彼の明日はどうなるのだろう。

【著者による業界診断】

広告代理店はピンからキリまで数多く存在する。電通、博報堂のようにあらゆるメディアを駆使して民生品の広告を総合的に制作する会社から、求人広告に至るまでさまざまだ。クリエーターはセンスが命。若いときは斬新な発想ができても、年齢と共に切れ味が鈍くなっていくのは仕方がない。年齢が上がれば、若手のスタッフを使うプロジェクトマネージャーになっていくが、ステップアップできずに前線に取り残されると、イタイ存在として煙たがられることもある。そのため広告代理店の社員が独立して、自分の事務所を構えるケースは多い。

chapter.10

催眠商法会社

田中明さん（31歳・男性　就業年数：半年）

激務度：★★　薄給度：★　悪質度：★★★★★
残業・休日手当：なし

仕事内容：来場者の気持ちをつかむことを最優先とする。一度心をつかんだ客は、いかようにも誘導可能。催眠をかけたような状態にして、さまざまな商品を売り付けていく。そのためにはとにかく大きな声で滑舌よくしゃべることが重要である。また、自分が話したことを、お客さんに復唱してもらうことで、より一層来場者の心をまとめることができる。ＢＧＭも元気よく、テンポのよい曲が効果的だ。

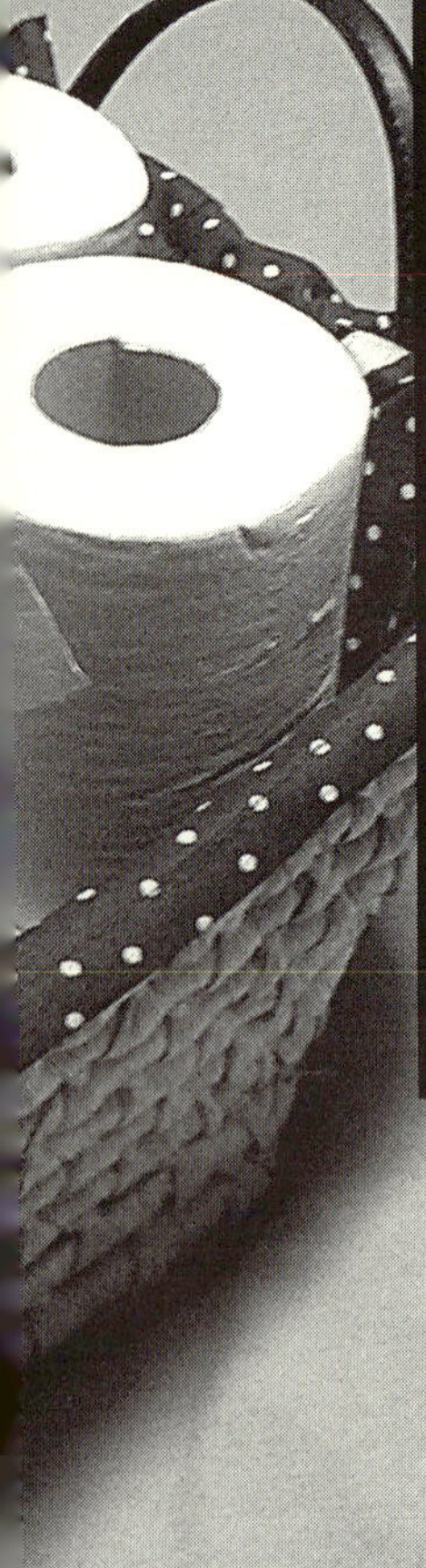

イメージ写真：来場者にプレゼント品として配られるトイレットペーパー。一度、餌付けをされれば、際限なく商品を売りつけられてしまう。

「有名人が宣伝している無名の会社は、ほとんどの場合、宗教かインチキなんじゃないですか。」

■田中さんは、編集の方に紹介していただいた。真面目そうでどちらかというと気の弱そうな、線の細い感じの人だった。それだけに彼の語ってくれた仕事内容には、かなり驚いた。

最初に餌を撒きます。それから商品を販売します。言い方は悪いのですが、条件反射で動物をしつけるようなものです。

お得感を醸し出すんですよ。この店は安い、だからたくさん買わないと損だという気持ちにさせるのです。

オープン当初は、とにかく激安販売です。米1キロが100円、羊羹セットが100円とか、通常ではあり得ない価格で商品を売ります。

通常1000円から3000円位で市販されているものを100円で売るのです。こうすることで商品を買うことに対する抵抗をなくさせて、さらに安いものだけ買っては申し訳ないという気持ちにさせるのです。安物で釣っておいて熱狂的な状況になったところで売り口上を駆使して、商品価値のない物を高値で売り付けるのです。

面白いように売れますよ。普通に考えれば500円もしないような石けんを1万円で買ったりします。さらにエスカレートすると、なんの変哲もない布団を何十万円という値段で買うようになります。1人が買い出すと、我先にとレジに殺到します。

店舗のイメージはこんな感じです。潰れたコンビニなどに仮店舗を設けて、パイプ椅子を40脚くらい並べます。そこにお客さんを集め、ラジカセから大きな音楽をガンガン鳴らし、異空間のようにするのです。大特価とか特売、安売りなどのポップも必要です。

もちろん、お客さんの中には、あらかじめサクラを混ぜておきます。お客さんの大半は老人なので、司会者は大きな声、オーバーリアクションで分かりやすく説明します。ときにはおどけたような動作を交え、聴覚、視覚に訴え、独特の異次元空間を作り出すのです。

仮店舗は3ヶ月程で閉店し、別の場所に移動します。開店数日前から近所の家々を訪問し、チラシをポスティングします。そのチラシには酵母入りパン100円とか、ハチミツ100円とか購買意欲をそそる文言が書いてあります。新聞にも折り込みチラシを入れます。

会場では「普通によそで買ったら、3000円もするこの商品が、ここだけ、今だけ、100円ポッキリです。早く買わないと売り切れちゃうよ！　さあ、早い者順だ！　買った、買った！」と激安であること、他の店とは違うことを大きな声でアピールします。

その場の熱気で、感覚を麻痺させるのです。何も知らないお客さんは安いからと殺到します。格安の食品を販売後、高額食品を販売していました。

開店当初、お客さんは1日に600人くらい来ます。やがて店の実態が知られて、移転前は1日100人くらいになります。

お客さんは老人が圧倒的に多いです。お年寄りは時間を持て余していますからね。男女の比率でいうとやや女性が多かったです。

商品は、3、4万円のものが多いのですが半年から1年分も購入する客が多かったです。コツコツ貯めてきた年金を一気に使ってしまうことも多いです。

中にはお嫁さんと来ている姑さんもいましたね。「今日は嫁の●●さんと来たの。だって私1人じゃ持ちきれないでしょう」「お義母さんに連れてきてもらって、助かったわ。こんなに安くていい品が揃っているお店、初めてよ」なんて言われたりしますね。

二世帯住宅に住んでいて、お嫁さんと姑さん、それぞれが累計50万円以上購入したケースもありました。身内と来ると、相手が買っているのだから、自分が買っても大丈夫だと錯覚を起こしてしまうのですよ。

おそらく、直後に息子さんを挟んで大喧嘩になったことだと思います。この商法がもとで離婚したお客さんがいるという噂も聞いたことがあります。

いわば友達を売り飛ばすようなものです。チラシ以外の集客方法は、1回店舗に来たお客さんに友達を紹介してもらうキャンペーンを開くことです。

「はい、お買い上げありがとうございます。ここだけの話なんだけど、お友達でこういう商品を買いたい人はいませんか？　もしよかったら、連れてきてくれないかな？　連れてきてくれたら、その場でいいものあげますよ！」

友達を連れてきてくれた人には、激安商品をプレゼントします。複数の友達を連れてきてくれた人には、友達の人数分だけプレゼントします。

身内と一緒だと安心感で財布のひもが緩むと、先ほど申し上げましたが、友達同士だと競い合うように買い続けます。

他人より少しでも健康になりたいという思いが、買い物にダイレクトに反映されるんですね。実際1人で来ているお客さんよりも、友達連れの方が、購入金額が大きいです。数えていたわけではありませんが、2倍近い額だったと憶えています。後で友達と喧嘩になったという話はよく聞きますね。「アンタがあんなところに連れていったから、必要のないものまで買い込んじゃって、大損したじゃないの！」「何言ってるのよ、アンタだって、こんなに安いお店は初めてだって言って、勝手に買い込んだんじゃないの！」といった感じですね。この商法がもとで絶交した人たちの数はかなり多いらしいです。

1日3回、月曜日から土曜日まで健康セミナーを開きます。さまざまな健康の話をしていました。お年寄りは健康の話には敏感ですからね。

例えば今週はプロポリス、翌週は浄水器、翌々週は布団という感じで毎週販売する商品は変わります。

月曜日から順序立てて、「今、水が危ない」とかいう話をしていくわけです。水曜日くらいに「市販の浄水器はここが危ない」みたいな話をして金曜日に商品を販売します。

「普通の水道水をそのまま飲んでいるのですか？　死にますよ、あなた。いいですか、水道水には有害物質が多く含まれているのです。このまま飲み続けると、内臓が悪くなります。いや、もう既に悪くなっているかもしれません。よくまあ、そんな暮らしを何十年も続けて来られましたね。回りの人はみんなウチの浄水器を使っていますよ。悪いことは言わないから、買っていってください。命に関わることです」

まるでお祭りのテキヤのようですが、独特の節回しで一気に畳みかけると、嘘のように売れていきます。販売はすべて現金のみです。信販会社はこんな小さな胡散臭い会社なんて相手にしてくれませんよ。

今年になって「餌付け商法」と命名され、同業他社数社が業務停止命令になりました。経済産業省から業務停止命令が出るまで20年以上も続いてきた販売手法です。

社長は同業他社からの独立組でした。そして餌付けされたお客さんに、毎週のように高額の健康食品や健康器具を販売していましたが、3ヶ月程度で店を次々に移転するので、小規模の会社ほど問題にはなりにくかったです。

有名人が宣伝している無名の会社は、ほとんどの場合、宗教かインチキじゃないですか。

この会社に入ったきっかけは、求人広告に元有名プロ野球選手が笑顔の写真で「一緒に働いてみませんか?」と載っていたからです。いわば広告塔ですね。その選手ですか? それはさすがに言えませんよ。

会社のウェブサイトもしっかりしていて安心しました。独立が可能ということにも大いに興味を持ちました。私自身健康や健康食品には関心が高かったということもありましたしね。

社員は全部で20人弱でした。働いているうちに、インチキ商法だと気が付きました。しかしそのときにはもう、この会社で働くことを前提とした生活基盤ができあがっていましたので、すぐに退職することはできませんでした。

仕事をやっていく中で、催眠商法であると確信を深めましたし、同じお客さんに短期間に次々と高額の健康食品を買わせる販売手法は、自分にはこれ以上できないと思いました。悩み抜いて半年で退職しました。

ノルマは特にありませんでした。勤務時間も、残業地獄ということもありませんでした。一番の悩みは、自分の良心との葛藤でした。

生きていくためには仕方ないんだ。いや、他にいくらでも仕事はあるじゃないか。また求人広告を探して、履歴書と職務経歴書を何通も書いて、一から転職活動をするのか。それは非常に面倒だ。でも、この仕事を長く続けていくわけにはいかないし……。

インチキ商法だと気がついてからは、思考がループして抜け出せない葛藤の日々でした。独立なんてとんでもありません。一刻も早く抜け出したい思いでいっぱいでした。

今はまるで違う仕事をしています。営業で外回りが多いのですが、今までコンビニだったところが改装されているのを見ると、ギョッとしますね。また悪の巣窟ができるんじゃないかって。

■田中さんは現在、事務機器の営業をしている。手当のつかない残業も多く、睡眠時間も満足に取れないときもあるらしいが、扱っている商品に誇りを持っているので気にならないそうだ。

【著者による業界診断】

催眠商法とは、催眠術的な手法を導入し、消費者の購買意欲を煽り、不必要な商品を販売する商法のこと。最初にこの商法を始めた団体の名にちなんで「SF商法」と呼ばれたり、参加者の気分を高揚させるため無料配布物等を配る際に、希望者に「はいはい」と大声を出させることから「ハイハイ商法」とも呼ばれる。餌付け商法とは、3斤で100円の食パンなど格安食品で客を誘い、高額商品の売買契約を結ばせる商法のこと。特定商取引法で禁じる「販売目的の隠匿」にあたる。

chapter.11

大手ファストフード店

小林浩二さん（23歳・男性　就業年数：1年2ヶ月）

激務度：★★★★　薄給度：★★★★　悪質度：★★
残業・休日手当：なし

仕事内容：ファストフードとは、短時間で作れる、あるいは、短時間で食べられる手軽な外食のこと。代表的なのはハンバーガーショップだが、他にも牛丼、立ち食いそば、回転寿司なども範疇に含まれる。この仕事で重要なのは、文字通り「素早く食を提供すること」だ。そのため従業員はせわしなく動くことが要求され、立ちっぱなしのことも多い、苛酷な職場である。

イメージ写真：ファストフードの代名詞でもあるハンバーガー。各チェーンでは価格競争、サービスの向上などにより、激しいシェアの奪い合いが行なわれている。

「パート社員なんて、ただの使い捨て要員です。」

■小林さんとは、ブログに書いていた日記を筆者が見つけ、連絡を取り、企画意図に共感していただき、取材させていただくことになった。彼は本書で取り上げた唯一のパート社員である。

辞めたくても辞めさせてもらえないんですよ。僕が勤めていたのは、少し前に週刊誌などで内情が書かれていた大手ファストフードです。

働こうと思った理由ですか？　子供の頃から、よく食べにいっていて慣れ親しんでいたということですね。誰でも知っていますし、店員さんも明るくて親切、店員さん同士も仲良しというイメージがありましたから。

お店のトレーの上によく店員募集のカラーの紙が敷いてありますが、これにも、「ここで働くと新しい自分が発見できる」みたいなことが書いてあります。それから勤務時間が自由に選べる、という求人広告の言葉も非常に魅力的でした。

ですが、実際働いてみると、イメージとは大違いでした。激務の一言です。**ものすごく人の入れ替わりが激しい職場でした。僕が働いていた、たった14ヶ月の間で、15人以上が入っては辞めていくというのを繰り返していました。早い人は初日で辞めていきました。**

仕事がものすごくハードなんですよ。立ち仕事の上に、いつも笑顔で接客しなければならないというのは、想像以上に大変なんです。そういう職場ですから、慢性人手不足状態で、ある程度仕事を覚えた人間は辞めさせないんですよ。

サービス残業を拒めば嫌がらせ、という陰湿な職場でした。用事があって働けないから、NGをつけておいた時間帯にシフトを入れられるんですよ。

残業していても勝手にタイムカードを押されていて、定時で上がったことにされるのが当たり前でした。最初のうちは、随分働いたのに振り込みが少ないな、と漠然と疑問に思っていたのですが、先輩に事情を聞かされて愕然としました。

僕の場合は、店が忙しくなる午前11時に仕事が始まり、店が落ち着く午後1時に休憩。そしてまた店が忙しくなる夕方5時まで仕事で、4時間も事務所で休憩を取らされました。もちろん待機中の4時間は給与が出ません。勤務が5時間、休憩が4時間という店にとって都合のいい働き方を強要させられたのです。

求人広告には、自由に勤務時間を選べると書いてあったのですが、まったくの嘘でした。自分も含めてすべてのパート社員が「このシフトに入れないならクビだぞ」と言われて、時間を選ぶ自由はありませんでした。

予定があると言っても強引に仕事を入れられることも日常茶飯事でした。希望シフトを提出しても守られず、何のためにシフト表に記入したのか分かりませんでした。

そういえばこんなことがありました。あるパートさんの財布がなくなってしまったのですよ。着替えをするロッカールームがあるのですが、そこで紛失してしまったんです。

とりあえずみんなで店長に相談にいったら、話を全部きちんと聞かずに、1人のパートさんを名指しで「お前がやったんだろう。今返せば、警察には黙っていてやる」っていきなり断言したんですよ。言われた人は、まだ小さいお子さんがいて、店長からの無理なサービス残業を断っていました。たぶんその恨みを晴らそうとしたのだと思います。

そのパートさんは程なくして、退職しました。よほど悔しかったとみえて「私はやっていません!」という置き手紙を残してです。その文字は、怒りで震えていました。

サービス残業は当然のようにありました。

「小林君、悪いんだけど、今日ももうちょっと残って働いてくれないかな?」

最初は店長からそんなふうに穏やかに言われたのですが、そのうち「小林君、今日のシフト、夜間まで入れておいたけど、大丈夫だよね」って、残業するのが当たり前のように言われました。残業代は出ないし、もちろん嫌なのですが、ものすごく疲れ切った顔の店長からそう言われると、とても断り切れませんでした。

理不尽なのはサービス残業だけではありません。休憩時間にも関わらず仕事をさせられることもしょっちゅうでした。長すぎる休憩時間に「●●（地名）に、これを持っていってこい。急ぎだからすぐにだぞ!」と言われ、電車代だけ渡されてバンズを別の店舗に届けにいかされたこともありました。

往復で2時間もかかったのに、この時間の給料ももちろん出ませんでした。辞めてから残業代未払いのニュースを聞いて、僕の働いていた店だけでなく、企業全体がサービス残業を容認し、パート社員を使い捨てていたのだと憤りを感じました。働いていたのはもう3年も前になるので、現在とは事情が異なっているかもしれませんが……。

店長はとにかく些細なことでも怒鳴りちらします。さすがに手を上げることはありませんでしたが、他のパート社員がミスしたときに、その人に向かってトレーを投げつけたこともありました。

僕が受けた一番のひどい仕打ちは電話攻撃です。体調を崩して休んだときにその旨伝えていたのに、店長から何度も電話がかかってきて、留守番電話には威圧するような声で「至急、店に電話するように」と吹き込まれていました。

寝込んでいて携帯電話をマナーモードにしていたので、かかってきたことには気が付かなかったのですが、後で留守番電話を再生して青くなりました。店に人手が足りないと休みの日でも構わず電話がかかってきて「今すぐ来い！」攻撃です。

断ると「なんで来られないんだ！」としつこく理由を聞いてきて、断れないように追い込まれたことも多々ありました。

その後、僕は夜間の専門学校に通い出したので、「平日夜間の仕事は無理です」と伝えてあったのに、平日の夜に無理矢理仕事を入れてきて、「単位が危なくなったら、俺に言え。単位なんてものはどうにでもなるんだよ。俺もそうやって学校を卒業してきたんだから」と言われたこともありました。

ですがどう考えても、店長に報告したからといってどうなるものでもないですよね。そうやって強制的に授業を休まされました。

その後、ニュースでこのファストフード店が問題になっているのを見て、すぐにあの店長の顔を思い浮かべました。僕たちにはものすごくつらくあたっていたけど、彼は彼で大変だったんだろうなって。でも店長は正社員ですけど、僕らはパート社員で身分が大違いでしたからね。

今は24時間営業している店舗も増えたようですが、本当にそんなニーズがあるのか、不思議でしょうがありません。夜間働いている店員の中に、無給で残業している人がいると思うと忍びないですね。

お客さんには本当に迷惑をかけたと思います。立場の弱いパート社員を奴隷のように扱っていたので、僕らの労働意欲は極めて低かったですね。そのせいで、お客さんを嫌な気分にさせるような態度を取ってしまっていたかもしれません。

このファストフード店は、お客さんをフォーク並びに待たせないのですよ。窓口が3つあるとするじゃないですか。早くから並んでいたお客さんが、店員の動作が遅かったせいで、別の窓口に後から並んだお客さんに抜かされるなんてこともざらです。

店員教育のマニュアルがしっかりしているということで、有名ですよね。でもそれは、いかに効率よく店員を働かせるかであって、どうやってお客さんに満足していただくかは書いてありません。
現場には正社員が1人か2人しかいなくて、残りはパート社員なのですから、接客がうまくできなくても当然なんですよ。

調理場でも床に落としたハンバーグ（パティ）を普通にバンズに挟んで出していました。

フィッシュバーガーの原材料の魚も、得体の知れない深海魚を使っているというのが、働いている人間の中で噂になっていました。本当かどうかは分かりませんけどね。ですから僕は、絶対にハンバーガーショップには行きません。有名チェーンでさえこうなのですから、他のお店はもっとひどいんじゃないかと疑ってしまいますよ。

僕は夜間学校の両立が厳しくなって、最終的にはなんとか頼み込んで辞めさせてもらいました。不規則な就業時間から睡眠障害を発症して、医者に書いてもらった診断書を持っていったのが利いたのかもしれません。

都合よくこき使われたため、勤務日数は多くても、パート代は月額4万円ほどにしかなりませんでした。時給は最低賃金ギリギリで、劣悪な労働環境、パワハラ体質の上司、イレギュラーの力仕事などすべての面で最悪で、時間の割には安すぎる仕事でした。

この仕事のせいで心身の病気にもなりましたし、当時の生活への影響が大きかったです。今でもこのファストフードを象徴する色は大嫌いです。街中で、視界にその色が入ると目をそらしてしまうことがあるほどです。

■小林さんは、1年余計に通学したのちに夜間学校を卒業することができ、現在はメーカーのエンジニアとして、安定した生活を送っている。

【著者による業界診断】

小林さんのように使い捨てされるパート社員はファストフード業界においては多い。立ち仕事が主になるので体力的にもきついことを覚悟したほうがいいだろう。社員とパートで待遇が違うことは当然だが、パートの場合、社員から無理難題を押し付けられることもある。最近は、自然志向やスローフードの影響から客離れが起こり始めており、利用客の争奪戦が繰り広げられている牛丼チェーンの話題も、ニュースに取り上げられているほどだ。

イメージ写真：ドアを開け、水質調査まで許してしまうと、契約に持ち込まれてしまうことも多い。

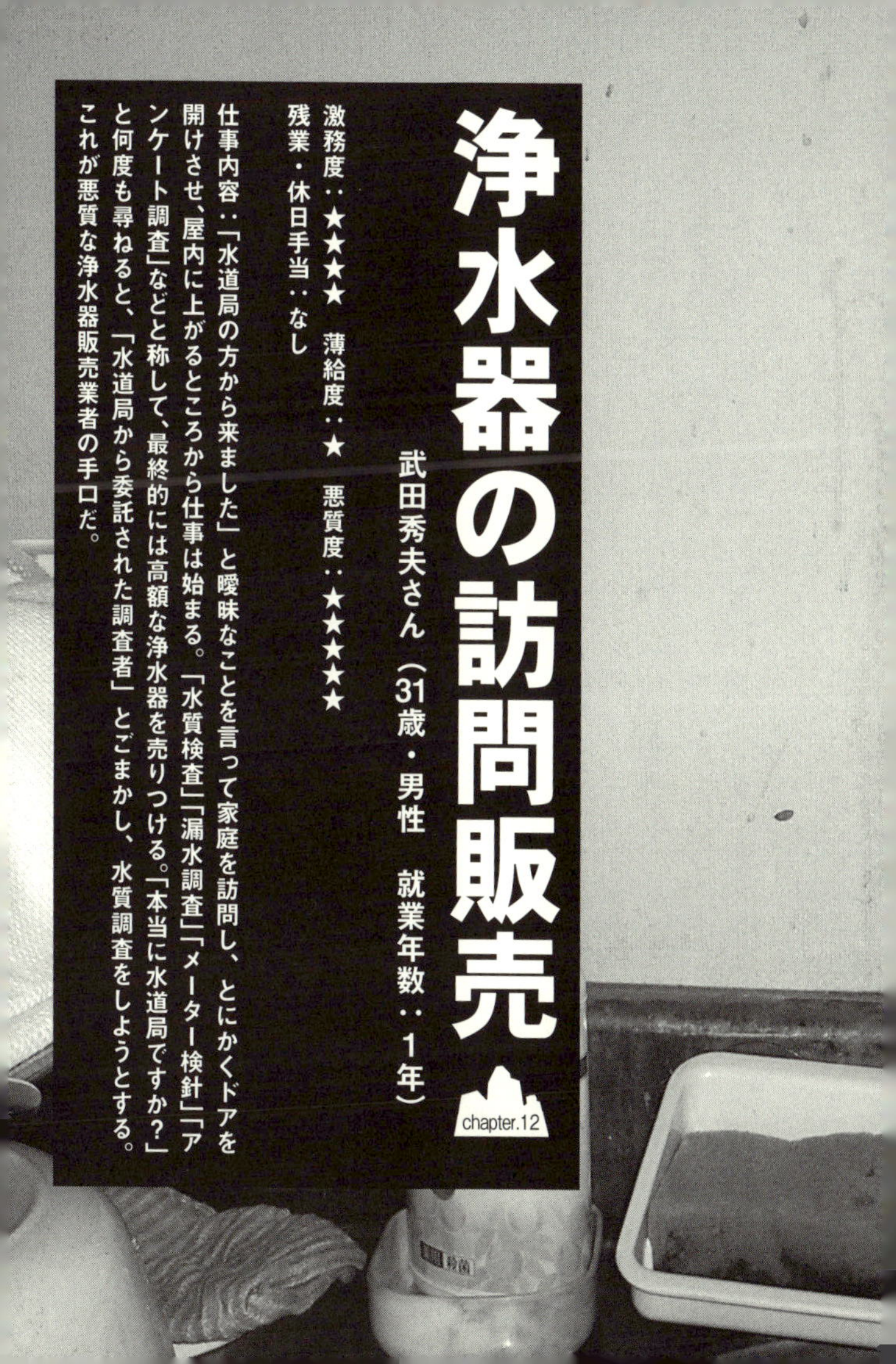

浄水器の訪問販売

chapter.12

武田秀夫さん（31歳・男性　就業年数：1年）

激務度：★★★★　薄給度：★　悪質度：★★★★★
残業・休日手当：なし

仕事内容：「水道局の方から来ました」と曖昧なことを言って家庭を訪問し、とにかくドアを開けさせ、屋内に上がるところから仕事は始まる。「水質検査」「漏水調査」「メーター検針」「アンケート調査」などと称して、最終的には高額な浄水器を売りつける。「本当に水道局ですか？」と何度も尋ねると、「水道局から委託された調査者」とごまかし、水質調査をしようとする。これが悪質な浄水器販売業者の手口だ。

「会社には「顧問」という名のヤクザがいました。「顧問」は普段は何もしていませんが、ここぞというときに大活躍します。」

■武田さんとは、筆者が昔インド旅行をしているときに知り合った。旧知の友人である。そのひょうきんな性格はインド人にもウケていて、人気者であった。

営業成績によって、給料には天と地くらいの差がありました。月給はフルコミッション（完全歩合制）で、最大で130万円、最小で5万円くらいでした。随分差がありますが、販売した金額に比例して歩合が変わるので当然のことです。

商品はクレジットで売りつけます。

値引き販売した場合は値引きした分だけ給料から天引きされてしまうので、お客さんからの値引き交渉には一切応じません。

100％飛び込み営業でした。前の晩か、当日の早朝に営業エリアを決めて、他の社員とバッティングしないように上司に調整してもらいます。

飛び込み営業は100軒回って、数軒話を聞いてもらえればいい方です。ですから、断られても落ち込むことなく、すぐに次に行くバイタリティが必要です。

残業代は一切ありませんでした。私の場合、歩合制は自分が望んだことなので給料に対する不満は特にありませんでした。私は、売り上げがよかったので入社3ヶ月目には主任になりました。コンスタントに80万円から100万円は稼いでいましたね。

社名ですが、有限会社Dというのは2年ほどの期間でした。自分が辞めた後に社名は変更したそうです。Dのすぐ近所に姉妹会社で株式会社Sというものもありました。ちなみに本部の社名は株式会社Kだったと記憶しています。いくつもグループ会社があるのは、警察の摘発から逃れるためでした。

お客さんの不安な心理につけ込む営業トークを用いる、超ブラック企業でした。まずは水道局の人間と思わせるのがコツです。

それは「水道局の方から来ました。今回特別にサービス期間で、お宅の水道水の水質の調査を行ないます。もちろん料金は一切かかりませんので、ご安心下さい」というセールストークに表れています。

お客さんは勝手に勘違いしてくれました。初めにお客さんに、自宅の水道の水をコップに入れて来てもらい、その中に「トリジン」という塩素に反応する透明の液体を入れます。すると水がすぐに真黄色に変色します。水道水は塩素で除菌してあるので、必ず「トリジン」は反応します。それをお客さんにまず見せてインパクトを与えます。

「うーん、かなり汚染された水ですね。この水を飲み続けていると、健康によくないですね。もう長期間飲んでいるわけですよね。そうするとまず腎臓に来ますよ。身体がだるくなったり、朝起きられないことが多かったり、顔がむくんだりしませんか?」と大体誰にでも当てはまることを話し、おびえるお客さんをこちらのペースに持ってきます。

セールストークにみんなびっくりし、話を聞いてくれる態勢になります。ある程度水道水のネガティブな面を説明した後、販売に入ります。

例えばこんな感じです。

「今回このあたりの地区も、まとめて浄水への切り換え工事を、ウチの会社でやることになりました。こちらも一緒にやっておきますか? 時間は5分くらいで終わります。本当にあっという間です」と言うと、お客さんが「ぜひ、お願いします。料金は高いのですか?」と聞いてきます。「工事費は、今回はこの地域まとめて行なっておりますのでもちろん無料です。通常注文の場合は1万2000円かかるのにですよ。特別サービスです。ただ浄水化した水の使用料はかかりますが、1日たった130円だけです。500ミリペットボトル1本分の料金で、お料理にでも使い放題ですよ」

この1日130円というのは月3900円ローンを日割り計算した金額です。この金額がミソなんですよね。

いくらいい水を飲みたいと思っても、1ヶ月に1万円といったら、お客さんは躊躇します。ローンで支払う月額を更に日割りして、1日の料金がいかに安く見せるかがコツです。

商材である浄水器は本当はいい加減なもので、海外で1万円もしない商品を30万円近くで販売していました。

よく料理をする一人暮らしの女性や奥さんは、いいカモでした。一人暮らしの学生はローンも本人だけだと通りづらいですし、禁止ということだったのですが、私はバイトをしている学生に対しては、正社員で働いているということにしてローンを組ませていました。もちろん違法です。

これは若い男性に多かったのですが、ローンの書類を出したところで怖じ気づくというか、現実に気付く方がいました。それまでは水道局の職員と勘違いしていたからです。

勘違いさせるのもこちら側の手法ですけどね。あまりグダグダ言うお客さんの場合は恫喝して泣かせてでも販売します。さすがに男性客の場合のみですが。

「お客さん、ここまで説明して、今更契約しないなんて言わないよね！　こちらもボランティアでやってるわけじゃないんだよ！　言っていること、意味分かるよね！　1日たったの130円で健康が買えるんだよ。もしどうしても嫌ならクーリングオフすれば、いいじゃないか！　クーリングオフの意味、知ってるよね？」

これで、みんな契約書にサインします。販売後のクーリングオフは、のらりくらりとかわします。お客さんから電話がかかってきても、期限の日まで担当営業者は外出していることにして、こちら側から折り返し電話を入れると答えます。ですが、絶対に電話はかけません。

女性のお客さんの場合、一発やればそれ以上のクレームはまずなかったですね。そのため結構ブスな女性とでも寝ました。これも営業活動の一環です。

こういう商法に騙される方は、えてして貞操観念も低い人が多かったですね。女性のお客さんへのレイプまがいのケースは結構頻繁にありましたが、「家のドアを開いて招き入れたんだから、和姦だろう！」と恫喝すると、訴える人はいませんでした。

お客さんはカタギばかりではありません。しかし会社には「顧問」という名のヤクザがいました。「顧問」は普段は何もしていませんが、ここぞというときに大活躍します。

同僚でヤクザに監禁されたやつがいましたが、そのヤクザの属している組織の上の人間に「顧問」が電話したらすぐに解放されて、逆にすごく謝られました。

ヤクザと水商売はよく引っかかってくれるのですが、多重債務者が多くローン審査に通りません。その場合は現金での一括払いをお願いするのですが、なかなか現金も持っていません。またお客さんとのケンカ、苦情は毎日のようにありました。

社内的には、売り上げの悪い部下への上司による暴力は日常的にありました。一度暴力をふるわれた社員の母親が、会社を訴えると乗り込んで来たことがありましたが、ここでも「顧問」の登場です。話を丸く収めていました。逆に母親を丸め込んで、浄水器を売りつけるありさまでした。まったくあっぱれとしか言いようがありません。

労働時間は朝の10時に会社へ行き、売り上げにもよりますが、ほとんど帰社時刻は23時前後です。ひどいときは夜中の0時にお客さんのインターホンを鳴らしていたことがあります。

社風はとにかく軍隊式で、朝礼は社員全員が絶叫状態です。私は声がダミ声になりいまだに治りません。

ただ、そのときに学んだことはノウハウとして、私のスキルとして根付いてる部分もあり、やってよかったと思ってはいます。ですが私は、1年で辞めました。きれいごとですがお客さんへの良心の呵責と、過酷な勤務態勢がその原因です。

大体毎月5人前後の社員が辞め、その分入れ替わるように中途入社する人間がいました。1年もった私は、辞めるときには、中堅社員になっていました。

現在は、前職で培った訪問販売のノウハウを応用できる、置き薬の営業をやっています。薬を家庭に置かせていただき、使った分だけ後から支払いしてもらうというシステムです。いまだに田舎の僻地などに住んでいる方には重宝していただいています。まあ逆にいえば、都心にお住まいの方にとってみれば不必要なものでもあります。

ですが、預かっていただく際に1円もかかることはないし、リスクがあるわけではないため気軽に預かってくれるお客さんはどこにでもいます。浄水器の販売に比べれば、楽勝です。

訪問販売の中では割とほのぼのしたイメージの置き薬なのですが、時代の流れと共に年々ブラック化しつつあります。実は置き薬で一度お客さんとのチャンネルを作っておくと、その後他の健康食品を売りつけることが可能になりやすいのです。

私の会社は、置き薬の気軽さを利用し、置き薬を切っ掛けにして家庭に入り込み、次回訪問時には高額な羽毛布団や指輪などを押し売りするのです。昔は置き薬といえば、良好な人間関係の上に成り立っていた商売でしたが、現在はそうではありません。

私が現在行なっている商売は、お客さんに、もっと最悪な商法に引っかからないようにトレーニングしてあげている、いわば必要悪のようなものです。ですから罪悪感なんかありませんね。

■武田さんは、非常に表情のはっきりした人で、喜怒哀楽がめまぐるしく変わる役者のようだ。お客さんとの会話の際のオーバーリアクションが、普段のときでも取れなくなっているようである。

【著者による業界診断】

フルコミッション（完全歩合制）の営業は、営業の努力、熱意、技術によって、それこそ天と地くらい、実入りが異なる。基本給がないので、まったく売れない月には給与は出ない。その代わり売れば売った分、給料に跳ね返ってくる。扱う商品とマージンによるが、30万円の商品でマージンが30％の場合、1ヶ月に20も売ることができれば、理論上180万円の給料を得ることも可能だ。もちろんコンスタントに売るのはベテランの営業でも困難であり、よほどの自信や実力がない限り、安定した生活を送るのは難しいだろう。

chapter.13

英会話学校

木村彩花さん（35歳・女性　就業年数：3年半）

激務度：★★★　薄給度：★★★★　悪質度：★★

残業・休日手当：なし

仕事内容：英会話講師には、英語の読解力、スピーキング、ヒアリングという能力はあって当然のことながら、それ以上に指導力が求められる。自分が英語を使いこなすのと、他人に英語を教えるのはまったく別の問題だからだ。そして生徒に慕われる、人柄のよさ、キャラクターも大事だ。生徒は幼児からお年寄りまで千差万別。それぞれに対応できる臨機応変さも重要なスキルである。

イメージ写真：外国人講師と日本人講師とでは待遇に大きな開きがある。

「授業以外の雑務が異常に多い。私は本当に英会話講師なの？」

■筆者は木村さんとは数年来の友達。この企画の話をしたら、英会話学校で講師をしていたときにひどい目にあったというので、早速話を聞いてみた。

英会話講師という仕事には、子供の頃から憧れがありました。大きくなったら英語を教える仕事に就きたいと中学生のときから思っていたほどです。大学でも英語の教員免許を取って中学か高校の教員になろうと思っていましたが、残念ながらいろいろな事情があって教員免許は取れませんでした。

ただ英語に関わる仕事に携わりたいという思いは抑えがたくて、新卒で入った会社を3年で辞め、一念発起して、オーストラリアに半年間語学留学に行きました。自分でもかなり実力がついたと思ったので、留学から帰ってきて英語を教える仕事に就きたいという思いをかなえようと『とらばーゆ』でこの英会話教室の求人募集を見て応募し、念願がかなったんです。内定をもらってから勤め出すまでは本当にテンションが高かったですね。死語ですが、ルンルン気分でした。

しかし、騙されたと思いましたね。それも入社してからすぐにです。想像していた業務や説明されていた待遇と全然違ったからです。

英会話講師として雇われたのに、それ以外の雑務が異常に多かったんです。授業とはまったく関係のない仕事ばかりでした。具体的に言うと、入校しようと考えている方に対する電話対応とか、入校勧誘の電話かけ、そして各種書類の記入や生徒さんへのカウンセリングなどです。そういう仕事は事務の方がやるものだとばかり思っていたのですが、私の仕事でした。しかもその雑務には給与が付かないんですよ。

給与は時給2000円と説明されていたのですが、実際にはそうではなく授業1コマ45分で、1500円でした。つまり1時間の4分の3だったんです。例えば10時から13時まで働くとしますよね。説明通りなら3時間働いて6000円もらえるはずじゃないですか。

ところが、その3時間に授業が2コマしかないと、45分×2コマで実労は1時間半とカウントされて、実際には半額の3000円しか支払われなかったんですよ。そして授業の間の1時間半は無給で雑務をしなければいけませんでした。

居残りしての翌日の授業の準備にも、1円も残業代は出ませんでした。あんまり理不尽なので何度も抗議しましたが、全然聞き入れてもらえませんでした。

結局3年半働きましたが、耐えられなくなったことは何度もありました。半年くらい働いたときにあまりの待遇の悪さに、本当に辞めようかと思いました。ですが生徒さんが真剣に授業を受けていることを体感してやりがいを感じていました。それで頑張ろうと思い直しました。

生徒さんの中には私よりも大分年上の方も結構いて、ものすごく真面目に授業を受けているんですよ。仕事で英語を活用されるのだと思います。本当に真剣ですから、私も自然と授業に力が入ります。休み時間にも質問してくるので、こちらも予習にかなりの時間を割きました。

授業を受けた生徒さんの中には、海外旅行に行った国から絵はがきを送ってくれる方もいました。「先生に教わった英語で、地元の人と友達になれました」とか。それは本当に嬉しくて、働く大きなモチベーションになりました。

それでも辞めたいという気持ちはずっと頭を離れず、辞めたい、いやもう少し頑張ろうという葛藤を繰り返して、最終的に退職したわけです。

学校のお金儲け主義にほとほと嫌気がさしたのが、辞めた一番の理由です。学校は生徒さんを「お金を運んでくるモノ」としてしか見ていませんでした。

例えば入校希望の方から電話があると「夜何時まででもお待ちしていますので、ぜひ一度足をお運びください」という非常に腰の低い対応をさせられます。しかし、そういう態度は入校するまでの話です。

入校して授業を受けるにはチケットを先に買わないといけないのですが、ここに大きな詐欺のような仕組みがありました。生徒さんが「チケットを返すので返金してほしい」と言ってきても、のらりくらりとかわしてなかなか応じませんでした。また、いつでも好きな時間にレッスンを受けられるとうたっていましたが、なんだかんだと理由をつけて、結局は学校に都合のいい時間帯にしかブッキングできないシステムになっていたんですよ。

私たち講師もモノ扱いです。賃金が発生しない雑務が多いのに、学校からは英会話講師としてプロフェッショナルな仕事を要求されることにも不合理を感じました。先ほど生徒さんへのカウンセリングの話をしましたが、これもしっかり生徒さんから、お金を別料金で取って行なわれるんです。それなのに私たち講師にはその還元は一切無しです。

しかも社会保険も健康保険にも加入させてもらえずに、アルバイトのような待遇でした。雇用形態は契約社員なので、きちんと各種保険に入る権利があるのに、学校はまったく改善しようとしませんでした。

そんな待遇で正社員並みのプレッシャーを押しつけられ、クオリティの高い仕事を要求されることに腹立たしさを覚えましたね。学校側は講師の経費をいかに安く押さえて、生徒さんたちからどれだけ多く搾取するかということしか考えていませんでした。

面接のときには、働いているうちに正社員登用も充分ありますという説明があったんですが、何度お願いしても正社員にはしてもらえませんでした。契約社員の方がいざとなったら、クビを切りやすいと思っていたんでしょうね。

雑務以外にも外国人講師の尻ぬぐいも随分とやらされました。突然、外国人講師が夜逃げをしてしまったときには、本部からはヘルプの人員の補充もなかったので、夜逃げした講師の授業はすべてキャンセルになりました。それも生徒さんに対して説明もなしに、です。

生徒さんの不満は全部日本人講師や事務の方にぶつけられましたよ。「せっかく貴重な時間を使って来ているのにどうしてくれるんだ！」って。そんなこと言われても、私たちには説明のしようがありませんから、ひたすら頭を下げて謝るだけでした。

外国人講師絡みのトラブルは多かったですね。生徒さんとの色恋沙汰が一番多かったです。男性の外国人講師と女性の生徒さんとの恋愛です。これは一概に学校が悪かったというわけではありませんが、フォローはまったくしていませんでしたね。

●●先生（外国人講師）は●●クラスのＯＬの誰それと付き合っている、なんていう噂は自然に流れるものです。授業態度を見ていれば、何となく分かりますものね。しかも同時にいくつもそんな噂が流れていました。

たいがい外国人講師は遊びのつもりなのに、生徒さんは本気になってしまうんですね。噂を聞いた別の生徒さんが当人をたしなめて「遊ばれて、捨てられるだけだよ」って注意したら、本人がマジ切れして喧嘩になり授業どころではないときもありました。当の外国人講師はどこ吹く風という態度でした。やはり日本人とは文化も価値観も違うんですね。

はっきりいって日本人講師は使い捨て感覚で雇用されていました。日本人と外国人の講師間の待遇の格差はかなり大きかったです。

外国人講師は全員正社員で月給30万円近くもらっているのに、日本人講師はほとんど契約社員で、多くの授業をこなしてもせいぜい月に20万円程度の給与でした。このことも、しばらくは知らなかったんですが、偶然に分かりました。

お酒が好きな外国人講師と日本人講師で飲みにいったときに分かったんです。酔っぱらっておしゃべりしているときに、お互いの生活の話から学校での待遇の話になって発覚したんですよ。「なんでお前達はあんなに働いているのに、サラリーがそんなに少ないんだ？」って外国人講師から言われてカチンと来ましたね。そう思うなら、一緒に学校に抗議してほしいと心の底から思いましたよ。しかし彼らは個人主義者が多いので、そういうのはプライベートなことだと思ったらしく、結局は酒の席での一幕で終わってしまいました。

外国人講師の方がいい給与をもらっている理由ですか？　やはり学校も、生徒さんが外国人講師に習いたがっているのを知っているんですよ。だから彼らには好待遇で接して逃げないようにしているんです。ですが、明らかに講師の条件を満たしていない外国人も結構いましたよ。

平気で遅刻はするし、授業も途中で止めて単なるおしゃべりでお茶を濁してしまうなど、ルーズな人が多かったです。夜逃げまでいかなくても、何の連絡もなく授業に来ない人もいました。あとはアルコールを飲んで酒臭い息で授業に臨んだ講師もいました。

外国人講師の日本での生活をサポートするのも、なぜか日本人講師の仕事になっていました。例えば彼らが病気のときに病院に連れていったり、ガス代や携帯電話代の支払い方法を教えたり。そんなことまでも日本人講師の業務になっていました。もちろん、これにも給与は発生しません。私はボランティアで働いているんじゃないって、憤りを感じましたね。

どこの国の外国人が多いかって？　私が働いていたときは、カナダ人、イギリス人が多かったです。面白いことに、そのときに景気の悪い国からやってくる傾向がありました。働いている講師が自国の友達に、日本で割のいい仕事があるぞって言っているみたいで、既にいる講師の紹介で働き出す外国人が多かったです

これだけの目に遭いながらも、別の仕事をインターバルに挟んで、今また別の英会話学校

の講師をしています。今度の学校は主に幼児から小学生を対象にしたところです。前の学校がレアケースだっただけで、今度こそはきちんとした職場で働きたいと思ったからです。

待遇ですか？　また契約社員で、保険にも加入させてもらっていません。でも説明ではすぐに改善されると聞いていますので、ここなら必ず改善してくれると思っています。

■木村さんは、言葉とは裏腹に実は今の学校にも疑心暗鬼になっていて、転職先を探しているそうだ。やはり英語に関われる通訳や翻訳などの仕事に就くべく、いろいろな転職エージェントに登録している。

【著者による業界診断】

英会話学校の多くは少人数グループ制度だが、中にはマンツーマン形式のところもある。英会話学校は、知名度が上がれば上がるほど日本人講師への待遇が悪くなるらしい。知名度に釣られてくる生徒を「いかに合理的にさばくか」「どうやってもっと儲けを出すか」しか考えていない学校が多いと聞く。そのためテレビコマーシャルで頻繁に宣伝しているスクールほど、その元を取ろうとやっきになっているそうである。本文中にもあるように、日本人講師の待遇は、外国人講師のそれと比べると圧倒的に悪いようだ。

ブラック企業の真実

◎採用担当歴20年、大手有名企業の人事部長インタビュー

――Mさん、お忙しいところをありがとうございます。

「いえ、大丈夫ですよ。恵比須さんの原稿を読ませていただきましたが、ブラック企業の内情を扱うものとして、よくできていると思いますよ。私はそれに新しい視点を加えたいと思います」

――新しい視点ですか？

「はい、例えば、事業者金融、消費者金融、住宅メーカー、カーディーラー、先物取引など、これらの職種にどのような共通点があるか分かりますか？」

――うーん。共通点……。

「実は全部リテール（一般消費者に向けた小売り）なんですよ。その上、金額が高いモノばかり。事業者金融は一見企業向けに見えますが、これは個人事業主およびその連帯保証人相手の商売です。

いいですか？　ホールセール（法人向け営業）ではお金を出すのは会社です。しまった、

失敗した！　と思っても個人の懐は痛みません。

しかし、リテールの場合、個人の財産に関わるわけですから、なかなか簡単なことではありません。顧客との間に信頼関係を築くだけでも並大抵な営業努力ではできませんよ」

――なるほど、そう言われれば、たしかにそうですね。

「ですから、リテール営業は概して大変な仕事だと言うことができるでしょう。成績の悪い社員を人間扱いしなかったり、使い捨てにするというブラック企業も多いので要注意です。また、リテールといえば、生命保険の営業も大変ですね。新入社員のときは、ご祝儀というか結構いいサラリーをもらえるんですが、2年目は歩合給の割合がぐっと増えて、契約が取れない月は生活できないほどです。

1年目は親、兄弟、友人、知人、親戚その他、身近な人に売れるだけ売ってしのげるのですが、2年目になるとそうはいきません。本当に営業力がないと悲惨な成績になります。そこで辞めていく社員も多いのですが、会社の方はそのときには新入社員が入っているので痛くもかゆくもないんです。大量採用をしている生保は要注意ですね」

――生保の大量採用の裏にはそんな事情があったんですね。

「リゾート会員権の販売もあくどいですね。高級マンションや高級ホテルの一室の権利を販売するんです。

実際の仕事内容は毎日テレアポを取って、個人宅に行き、莫大な金額の会員権を押し売りするというものです。

まあ物件が個人のステータスになるんで、見込み顧客の見栄をくすぐるようなおべんちゃらの連呼ですね」

――昔は、ゴルフ会員権の販売が盛んでしたが。

「ゴルフ会員権は、今はもう下火ですね。細々と一部の業者が続けている程度です」

――ところで、ブラック企業の採用担当者はどのような人達なのでしょう?

「大きく分けて2種類あると思います。1つ目はそれを会社の業務と割り切って、食うために社員を集めているエセ人事。

そして意外と多いのが、自社に誇りを持って新卒採用がその学生のためになるという信念を持っている人事です。後者の場合は、社長にカリスマ性があり、人事も経営に近い立場にいるために『本当になんとかしなければ』という、ロイヤリティの高い人が多いです。

ただ過度に会社に忠誠心が高い分、いったん社長の言動に疑問を持ったり、信頼している先輩社員が『やっていられるか!』と言って辞めたりすると、自分もプツンと切れて、辞めていくことが多いですね」

――ブラック企業に関する話で印象に残るものがあれば聞かせていただきたいのですが。

「教材販売をやっている会社の話がひどいですね。求人情報には『編集募集』などと書いてあるのでマスコミ志望者が集まるのですが、新卒はほぼ間違いなく営業に配属されます。

研修と称して新入社員10人くらいをまとめて1グループにして、行き先も告げずに、朝クルマでどこかに連れていくんですよ。そして『夜の20時にここで集合。それまで各自営業して一軒でも多く売るように！』と言って見知らぬ街で、テレアポもなしに飛び込み営業をさせるんです。

社員達は一軒一軒売りに回るわけですが、一式何十万から何百万もする教材が売れるはずがありません。

途方に暮れて約束の場所に20時に疲れ切った足をひきずって戻るんですが、これで終了ではありません。その後に営業会議が待っています。

当然ほとんど売り上げゼロですから、『何で売れなかったか』が主題になるのですが、その会議は延々夜中まで続くそうです。そしてまた翌日も同じことの繰り返し。人間性など無視されています。

最近は実情がネットで書かれるようになってきたので、別会社の名前で新卒募集をかけて、採用するというパターンもあるようです」

——他にはいかがでしょう？

「盛んにコマーシャルをしている会社は危険ですね。24時間いつでも電話オッケーという会社がありますが、裏を返せば、社員が常に待機しているということです。就職先としては苛酷な業務が与えられることを覚悟しなければなりません」

――ブラック企業に勤めると社員はどうなっていくのでしょう？

「ブラック企業での社歴の長い人は、どこか変なオーラを発していますね。私も採用担当者として転職者の面接をしていますが、ブラック企業で長年働いていた人は普通にしていても、なんか違うんです。

顔は笑っているのに目は笑っていないってよく言うじゃないですか。でもそれとも少し違って、特異なオーラを放っているんです。そういう方々は最終面接までいっても落ちることが多いです。

若いうちはいいですが、骨を埋める気がなければ、ブラック企業は早めに辞めた方がいいですね。その会社のカラーが染み付いてしまいますから」

――今、厳しい業界はありますか？

「旅行代理店は厳しいですね。

まず基本給が異常に安いんですよ。それに手当が乗っかって初任給が他社並みになっているという状況で、どれだけ営業成績を上げてもボーナス総額は非常に少ないです」

――最後に、これだけは言っておきたいというアドバイスはありますか？

「就職する際に社名にとらわれないことですね。

ＢtoＣ（Business to Consumer の略。消費者の身近な商品を作っていたり販売している）の企業は、普段から目にしているので、社名が頭に刷り込まれていますが、コマーシャルをやっていないB to B（Business to Business の略。企業間取引のこと）の会社の中にも優良企業はたくさんあります。

それからネットの情報に頼りすぎないこと。某巨大掲示板や某巨大SNSに、いろいろな企業情報が載っていますが、信じすぎない方がいいですよ。タダで手に入る情報は所詮その程度のモノ。仮にそれを信じて入社しても、文句の言いようがないですからね。

世界同時不況の現在、企業は真っ先に人件費をカットしていますので、今後とも就職活動は厳しくなることと思います。肝に銘じてください。

今までにも少なくない数の大手企業が倒産しましたが、これからまだまだ潰れる会社は出てくると思います。せっかく内々定をもらったのに、入社する前に会社が倒産なんてしゃれにならない状況が頻発しそうです。

今、優良企業でも、いつブラック企業になるか分かりませんから、いい会社に入社できたとしても、それをゴールと考えずに、いつでも転職できるようにスキルを常に磨いておくことが大事です」

——本日は長時間に亘って、ありがとうございました。

【第３章】

拷問の就業中編

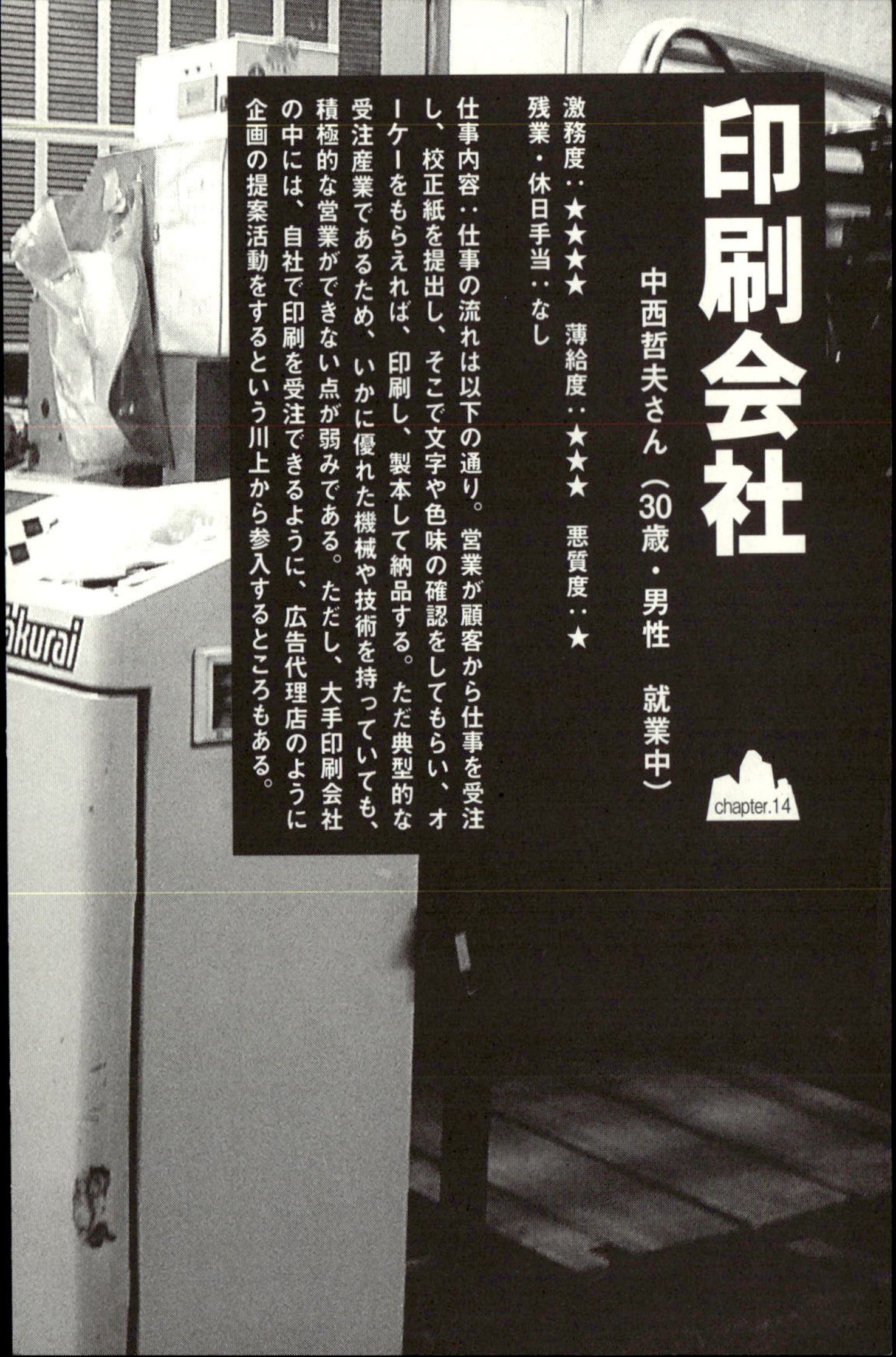

chapter.14

印刷会社

中西哲夫さん（30歳・男性　就業中）

激務度：★★★★　薄給度：★★★　悪質度：★
残業・休日手当：なし

仕事内容：仕事の流れは以下の通り。営業が顧客から仕事を受注し、校正紙を提出し、そこで文字や色味の確認をしてもらい、オーケーをもらえれば、印刷し、製本して納品する。ただ典型的な受注産業であるため、いかに優れた機械や技術を持っていても、積極的な営業ができない点が弱みである。ただし、大手印刷会社の中には、自社で印刷を受注できるように、広告代理店のように企画の提案活動をするという川上から参入するところもある。

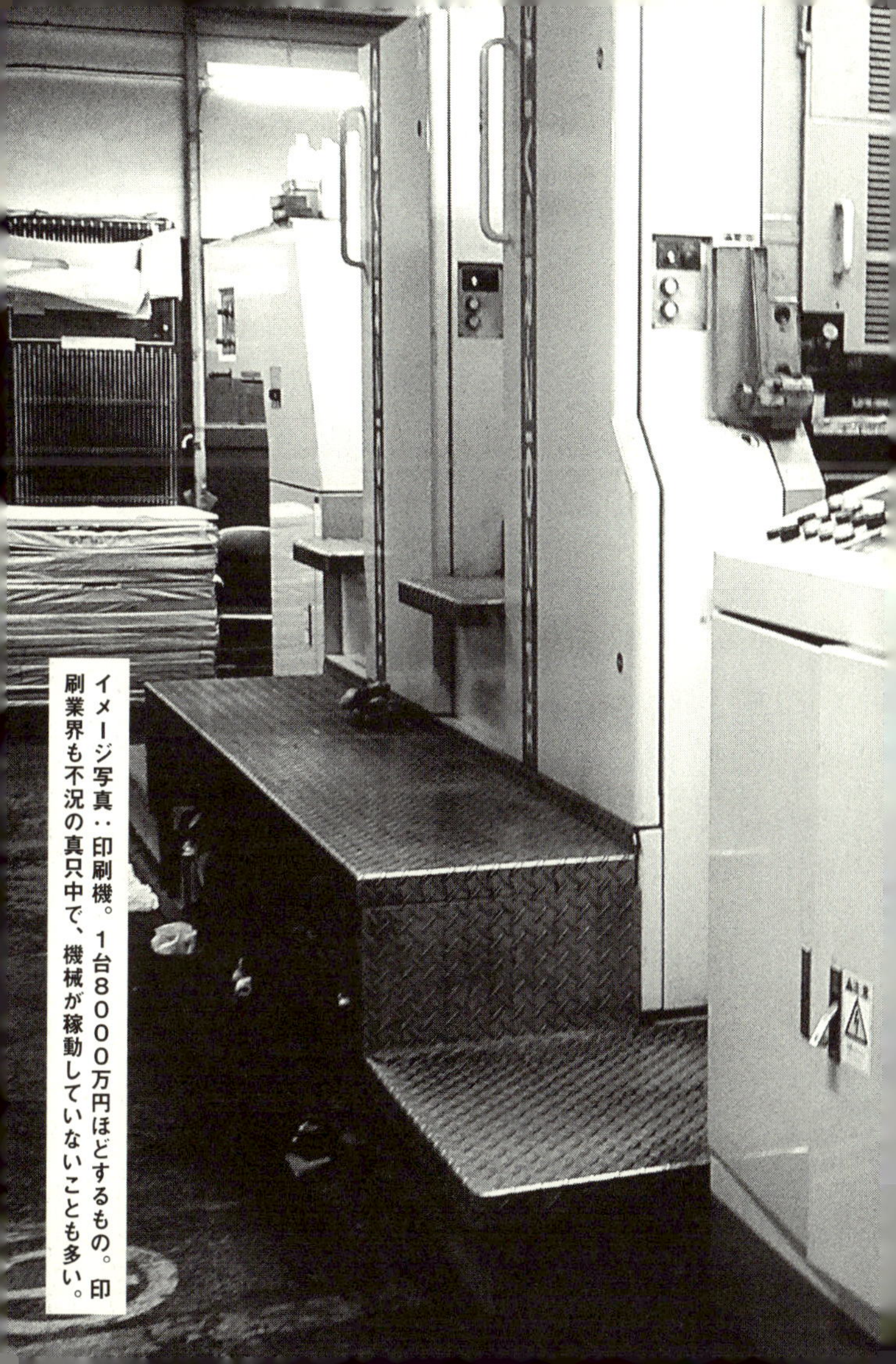

イメージ写真：印刷機。1台8000万円ほどするもの。印刷業界も不況の真只中で、機械が稼動していないことも多い。

「今は土下座で商談がうまくいくなら、いくらでもしますよ。」

■ネットの掲示板にある「ブラック企業」のスレッドに書き込みしている何人かにアプローチして、取材に応じてくれたのが中西さんだった。最初は取材時間が取れないと渋っていたが、頼み込んでなんとか時間を作っていただいた。

実はこの前、私のすぐ下の後輩が過労から鬱病になって退職したんですよ。その仕事を全部引き継いだので一時的に仕事量が2倍になっていました。会社の仮眠室に泊まる状態が1週間近く続き、私も倒れそうでした。やっと先週、土日に有給をつけて3日間休んで実家に帰って、なんとか回復したばかりです。会社に仮眠室があること自体おかしな話ですよね。

辞めた後輩は、きちんと上司に退職願いを出し、引き継ぎをしてという手順を踏んでおらず、ある日突然会社に来なくなりました。それまでも遅刻が続いたり、元気がなさそうだったり、飲みに誘っても来ないのでヘンだなと感じてはいたのですが。

無断欠勤が2日続いて何の連絡もなかったので、事故か病気か犯罪に巻き込まれたんじゃないかと、同僚のみんなと心配しましたよ。上司が3日目の昼にそいつの携帯や自宅の電話に連絡しました。ですがずっと留守電で、実家にも電話したのですがお母さんが出られて「そうなんですか？　こちらにはまったく連絡がないんですよ！」とオロオロしていたそうです。

警察に捜索願いを出そうかって相談していたところ、1週間くらい経って突然、心療内科の医者の診断書と一緒に退職願いが郵送されてきました。診断書には「過労による重度の鬱病のため、これ以上の労働を禁ず」と書いてありました。

私はものすごく驚いたのですが、上司は「ああ、またか」って感じで、何事もなかったように私に引き継ぎを命じました。私は納得できないというか、後輩が心配で心配でたまらなかったですよ。仕事の引き継ぎの件もあったので、彼の携帯に連絡したのですが、もう解約されていました。噂では今は実家に帰って療養しているらしいです。

毎日が本当に仕事でいっぱいいっぱいで、時間を作り出すことができませんでした。すぐにでも取材に応じたかったんですが、遅くなってしまって本当にすみません。

毎日だいたい7時には出社して、終電までぎっしり営業のアポイントメントやいろんな書類の作成などの仕事が詰まっているんですよ。1日の営業訪問は4社から6社くらいですが、合間や夜間に見積もりを作ったり、提携会社に打ち合わせに行ったり、本当にバタバタです。

平日は営業訪問の間にしか時間が作れないです。

それもその日、そのときにならないと、どこで時間が空くのか分からない状態なんですよ。平日はそんな感じでパンパンです。土曜日は習慣的に出社です。溜まっていたいろんな書類の整理や見積もりの作成をしたり、納品した印刷物のサンプルを倉庫に移動したりしているうちにすぐに夜になってしまいます。

大抵土曜日の夜は同僚と飲みにいきます。それが本当に唯一の息抜きです。もう仕事の愚痴の言い合いです。自分の方がもっと疲れているっていう不毛な言い合いですね。

日曜日は眠れるだけ眠ります。午後に起き出して買い物に行ったり、掃除、洗濯をしているうちに夜になってしまいます。今日は土曜日ですので同僚との飲み会を断って来たんですよ。

何がつらいかというと、印刷の営業というのは本当にいろんな人達の板挟みなんですよ。まずお客さん。私の場合は、出版社や広告代理店が大半です。お客さんも権限を持っている人が担当者ならいいのですが、担当者レベルで見積金額に了承をいただいても、その上司が認めなかったのでもっと値引きをしてくれって言われることもしょっちゅうですよ。本当はその上司に初めから営業したいのですが、まあお客さんの都合がありますからね。

そして校正をする人。1色印刷なら文字の確認だけなのでほとんど問題ないのですが、4

色印刷の場合は、お客さんの会社のデザイナーさんや、お客さんが発注している外部のデザイナーさんが校正します。色校正紙の発色が、デザイナーさんの考えていた仕上がりと違っていた場合には、担当者から了承をいただいてもデザイナーさんからクレームが入ります。「お宅もプロなんだから、もっときちんとしてくれ」と言われます。私が刷っているわけではなく、色校正担当の人の仕事なのですが、そこを謝って交渉するのも営業の仕事です。

そして印刷工場の現場の人。今はかなりビジネスライクな若い人が多いのですが、まだ昔気質の年配の職人さんが残っていて、納品までの時間が短いものを何とか先に刷ってもらうために、日本酒の一升瓶を持っていって、一杯酌み交わしながらおそるおそるお願いすることもありますよ。

それから製本所の人。大体はウチの会社の工場でやるのですが、特殊な製本加工を必要とするときには外部の製本所に出すこともあります。ここは経営者の老人夫妻と従業員1名の超零細企業で、特殊加工製本のノウハウを持っていなかったら確実に潰れているようなところです。その社長夫妻がいつまで生きていて仕事ができるのかってすごく不安になります。

刷り直しという言葉を聞くと、本当に胃がキリキリしますね。1回だけ入院したことがあるんですが、そのときは胃に3つも穴が空いていたんですよ。医者もびっくりしていましたね。

ただ、今お話ししたような人間関係のつき合いは、ある程度経験を積めばなんとか慣れるものなんですよ。一番きついのは、誤植による刷り直しですよ。

お客さんでも出版社や、広告代理の場合はきちんと校正するプロの人がいるし、ウチの会社にも一応校閲のセクションがあるのですが、事故は起きるときは起きてしまいます。お互いにチェックしているので、責任はイーブンのはずでしょう。でもほとんどの場合ウチの責任にされるんですよ。下請のつらさですよね。

出版社なら売り本を読んだ読者が気付いた場合、広告代理店ならそのクライアントが発見した場合が最悪です。担当者のメンツが丸つぶれだからです。「私は君が責任を持って校了するというから、任せたんじゃないか！」と担当者も手のひらを返したように激怒します。

この手のトラブルは刷り直しだけではなく、それ以外も大変です。すでに印刷して納品してある印刷物の回収の費用もばかになりません、印刷の現場でも増刷でもないのに、同じものをまた刷るわけですからいい顔をされません。

給与自体はそんなに悪くはないのですが、残業代は出ませんし、休日出勤しても手当も代休もつきません。昇給もここ数年まったくありません。

そろそろ他の企業に入社した学生時代の友達には給与面で抜かれたことが分かって

きたので、たまに会ってもそういう話題にはお互いに触れないですね。

私は今30歳なんですが、30歳といったら、普通の会社なら主任になったりしている年代じゃないですか？　ところがウチは新入社員が定着しないので、いまだに私が大きな飲み会の幹事をしているんですよ。

私が就活したときは、ちょうど就職氷河期で、なかなか内定がもらえませんでした。ウチの会社の内定をもらったときは、本当にホッとしましたよ。ウチは上場していて社名もそこそこ知られているし、活字に関わる仕事がしたいと思っていましたからね。

内定をもらって、すぐに就活を中止しました。最初は、出版社や新聞社、広告代理店などのマスコミを受けていたのですが無理でした。これでも私は一応六大学を卒業しているんで、どこか希望の会社から内定がもらえると思っていたのに、メーカー、IT、その他さまざまな業界でも、ほぼ全滅していましたから。でも喜んだのもつかの間です。働いてみたら、実態はこんなもんですよ。私の友達の中には、いまだに契約社員や派遣社員をしているやつもいますし、それに比べれば、まだ私は恵まれているんだろうなあって考えますよ。まあ下を見たらきりがないですけどね。

彼女いない歴6年です。学生時代から付き合っていた彼女と、忙しくて全然会えないという理由で別れてから、女っ気ないですよ。最近通っている会社の担当者がいい感じの女性なので、食事にでも誘ってみようかなって考えているんです。でも、ふられちゃったら営業に行きにくくなりますし、悩みどころなんですよね。

いつまでもこんな生活じゃいけないと思って転職サイトには登録しています。もっと自分の能力を活かせる職場があるんじゃないかって思っています。最近寝る前に考えることっていったら転職のことばかりですね。たまに転職サイトからオファーがあっても同業の営業ですよ。

8年働いて身に付いたスキルは、印刷業界のことは当然として、あとは謝る交渉術だけですよ。土下座は何回もしたし、坊主頭もやりました。最初の土下座は今でもよく憶えていますよ。トラブルは誤植でした。お客さんも私も入念に校正して「よし、これで校了」っていう言葉をもらって刷ったんですが納品後に発覚してしまいましてね。本当に青くなりました。

上司が一緒に謝りについてきてくれたのですが、お客さんの会社に入る前に「俺の行動をよく見て、それを真似ろ」って言われました。上司はお客さんに会うなり開口一番、「このたびは本当に申し訳ありませんでした！」と言い、同時にガバっと土下座しました。

びっくりしましたが、私もすぐにそれにならいました。心の中ではなんでこっちが一方的にここまでしなきゃいけないんだと感じましたが、横目で上司を見て同じように頭を床に何度も何度もこすりつけました。そのとき人間としての尊厳がなくなったというか、越えちゃいけない一線をまたいでしまった気分がしました。

今は土下座で商談がうまくいくならいくらでもしますよ。プライドですか？　そんな余計なもの持っていたら、営業なんて務まりませんよ。

■中西さんは取材が終わると、筆者にキャバクラに興味があるかと聞いてきた。丁重にお断りすると、彼にはハマっているお店があるらしく、そわそわしながら「じゃあ、これで失礼しますんで」と夜の歓楽街に消えていった。

【著者による業界診断】

印刷業界は今、大変革期を迎えている。印刷の技術を応用したＬＳＩ基盤やＤＶＤの生産に転じた大手企業には今後の伸びが期待できるのだが、従来通り紙の印刷にしか対応できない会社は、機械の導入で現場の人件費をカットしてなんとかやりくりしている現状だ。印刷業界はハードワークを求められる傾向があるので、大手以外に就職する場合にはかなりの覚悟が必要とされる。自分以外のミスも自分のミスとして認め、対処しなくてはならない場合も多く、かなりのストレスがかかる業種の１つでもある。

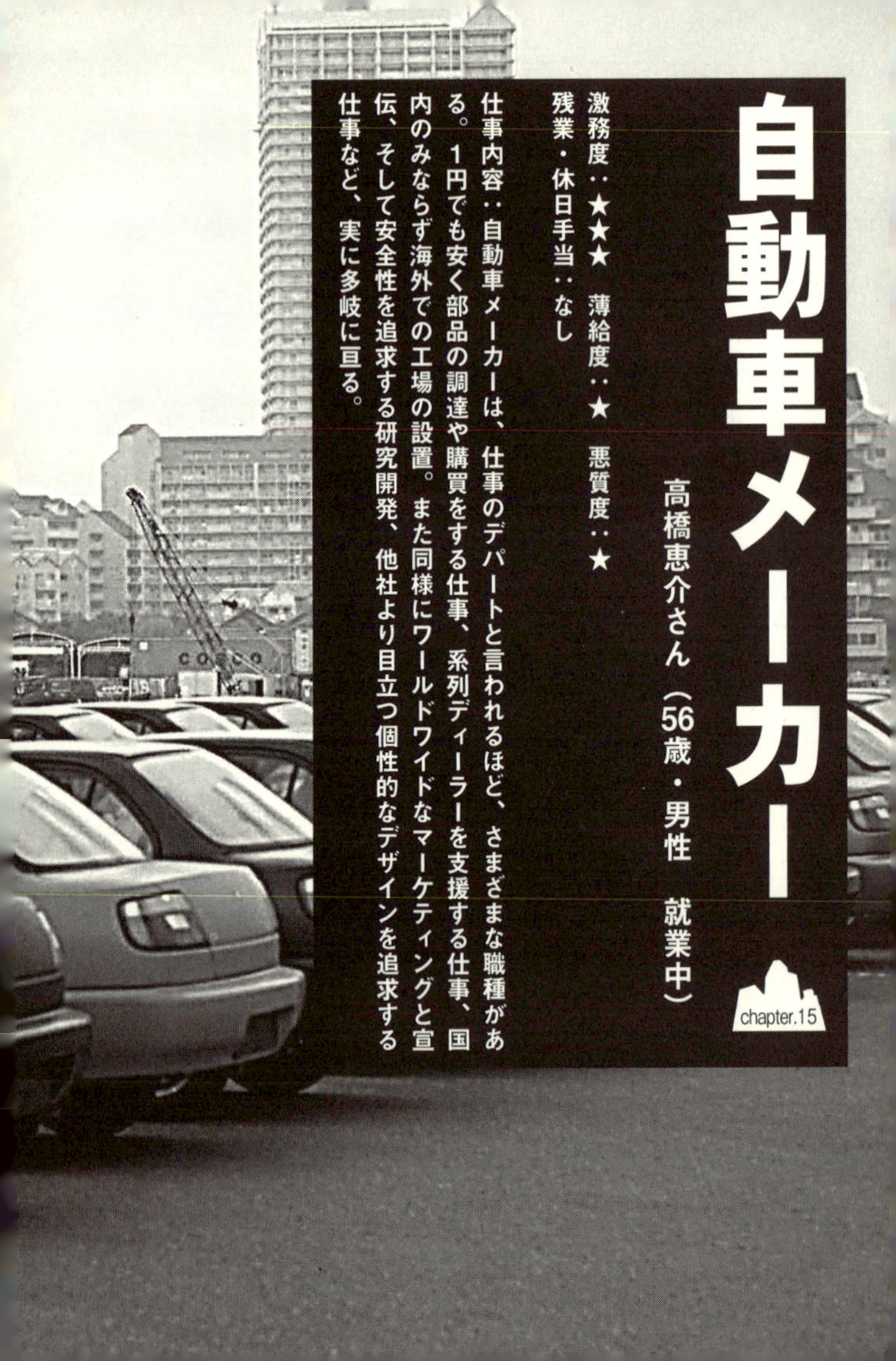

chapter.15

自動車メーカー

高橋恵介さん（56歳・男性　就業中）

激務度：★★★　薄給度：★　悪質度：★
残業・休日手当：なし

仕事内容：自動車メーカーは、仕事のデパートと言われるほど、さまざまな職種がある。1円でも安く部品の調達や購買をする仕事、系列ディーラーを支援する仕事、国内のみならず海外での工場の設置。また同様にワールドワイドなマーケティングと宣伝、そして安全性を追求する研究開発、他社より目立つ個性的なデザインを追求する仕事など、実に多岐に亘る。

イメージ写真：埠頭に並ぶ新品の自動車。

「本社企画課の別名は、強制収容所でした。」

■高橋さんは、筆者の大学のゼミの大先輩だ。時折行われるＯＢ会で無茶苦茶な上司がいたとおっしゃっていたのを思い出して、失礼を承知で取材を申し込むと、すんなり快諾していただくことができた。

かつて私は、「強制収容所」で「最悪の上司」につき、地獄を味わいました。私は現在、ある部門の長をしていますが、いい上司の条件を自分なりに考え、日々肝に銘じています。私がこのような考えを持つに至ったのは、今から10年以上前、N氏という最悪の上司のもとで「修行」を積んだことがあるからです。

当時40代前半だった私は、管理職登用試験に合格し、晴れて中間管理職になることができました。管理職になって最初に配属されたのは、国内営業部門の本社企画課という部署です。そのとき企画課の課長だったのが、N氏です。

企画課に配属される前、私は地方の出先機関にいましたが、その頃から、本社企画課は過酷な労働と服従を強いられる部署で、「絶対に行きたくない部署ナンバー1」として知られており、別名「強制収容所」と呼ばれていました。

それらの噂はすべて課長N氏の特異なパーソナリティに起因することです。毎年、何人もの企画課スタッフが、鬱病や胃潰瘍で病院送りになり、耐え切れずに退社した社員もいます。我が社は、基本的には全部署がオープンフロアで仕事をしますが、なぜか企画課だけは、特別に隅の一室を与えられており、課員はそこで仕事をします。スタッフは総勢11名。課長、私のような中間管理職2名、一般社員7名、総務的な仕事をする女性社員1名です。

当時、オウム真理教事件の記憶がまだ生々しい頃で、企画課の部屋は他の社員から、「第7サティアン」という異名でも呼ばれていました。

企画課への出社第1日目。「強制収容所」の扉を開けると、30代の部下がN氏から徹底的に罵倒されている場面に遭遇しました。あまりに衝撃的な内容だったのでいまだに覚えています。

「お前、何で言った通りにできないんだ？　んっ？」「昨日課長がおっしゃった通りに進めたつもりですが」「馬鹿野郎！　全然違うじゃねぇか！　お前、頭の中が狂ってんじゃないか？　一体どこの大学出てるんだ？」「一応、慶応大学ですが……」「何？　慶応大学？　嘘だろ！　履歴書誤魔化しているんじゃないか？」「いえ、本当です」「ああそうか。裏口入学だな。いったいいくら払ったんだ？　んっ？」「いえ、そんなことはありません」「嘘付け！　いくら払ったんだ？　んっ？　１００万か？　５００万か？」

真っ赤な顔をして激怒するN氏の前に、部下が直立不動の姿勢で立っていました。N氏の怒りは収まらず、ネチネチとした罵倒は延々と続きます。今の言葉で言うならば、いわゆるパワー・ハラスメントですね。部下を罵倒するN氏のあまりの激しさに部屋中が凍り付いていました。正直言って会社での叱責のレベルを大きく逸脱しています。個人の人間性を完全に否定した怒り方をします。やっと彼は私の方を見て、最初の挨拶がこれです。

「おお、高橋君か。よく来たな。これからは俺の右腕になってよろしく頼むよ。ここの連中は、馬鹿かキチガイばっかりだから、俺も苦労するぜ。まったく、人事はどういうつもりで、こんなキチガイばっかり集めてくるんだ。人事は真面目に仕事してないいんじゃないか。給料泥棒の集まりだぜ、人事は」

N氏が黒と言えば、白も赤もすべてが黒なのです。彼は、自分の思い通りにならないと気がすまないタイプで、部下には絶対的な服従を求めます。

その上、気分の変動も激しく、朝令暮改など日常茶飯事。思いつきで部下への命令もころころ変わります。朝命令したことが、午後には内容が変わってしまい、言われた仕事をコツコツしていた社員は、そのすべてが白紙になり、おまけに「お前、全然、俺の言ったことを理解してねぇじゃないか！　この能なしめ！」と罵倒されます。

「強制収容所」では、N氏の一挙一動を注意深く観察することが、第一の仕事になっていました。まさに、オウム真理教の修行と一緒です。尊師の言うことは絶対。とにかく我慢して修行を重ね、ステージを上がっていく、つまり企画課から他部署に異動する、しかありません。

人間とは不思議なもので、私も何ヶ月かすると、この環境に順応してしまいました。最初は、罵倒される部下をかわいそうだと思い、何とか助け舟を出せないかなどと考えていましたが、あっという間に「今日のN氏の被害者は自分じゃなくてよかった」と安堵するだけで、他人のことなど構っていられなくなりました。とにかく災難が自分に降りかからないよう、祈るような毎日でした。

目立つことをしないと出世できない風潮が、我が社にはあります。

N氏は、先人がやったことは徹底的に否定し、可能性のない無理な企画を打ち上げ花火的にぶち上げ、奇跡的に成功すれば、全部自分の手柄。予想通り失敗すれば、それは全部「能なしの部下」の責任にします。

うまくいかなくなると、当然、機嫌も悪くなり、ストレス発散のために、誰でもいいから部下を絞り上げます。私も、何度も「給与泥棒！」「知能指数が低すぎる！」「馬鹿すぎてお前に話しても無駄だ！」と罵倒されました。作成した企画書を目の前で破られたり、資料を投げつけられたりといった屈辱的な仕打ちを何回受けたことでしょう。

ある企画を実行に移すため、大規模なユーザー調査を行なったことがあります。担当者は30代のY君。調査会社やコンサルタント会社と一緒になって、生真面目に頑張っていました。調査も終了し、その結果をN氏に報告する日がやってきました。不幸なことに、調査結果は、N氏の予想とは大きく異なり、企画を進めることが難しくなりました。

当然、彼の怒りは爆発し、その矛先はY君に向けられたのです。「お前、馬鹿じゃないか？　一体、この調査にいくら使ったんだ。その結果がこれか？　んっ？」「はあ。しかし、厳密に調査した結果ですから、間違いはありません。ですからこの企画は難しいと思います」。このちょっとした口答えが、火に油を注ぐことになってしまったのです。

「馬鹿野郎！　俺の言った通りの数字になってないじゃないか。なんで俺の言ったようにしないんだ。お前なんかに、この企画の何が分かるんだ！　自分の頭の程度を過信してるんじゃねぇか？　最初からお前に調査を任せた俺が甘かったよ！　こんなキチガイのノータリンに、重要な仕事なんてできるわけがない。俺が甘かった！　給料泥棒が何ほざいてるんだ！　お前、どこの出身だ？」「岩手です」「そうだろう。東北のやつは暗いんだよ。そのくせ陰でインチキばかりするから、どうしようもないな。お前の親も、ノータリンでキチガイか？

えっ？」「……」「とにかく弁償しろ。お前は、もう仕事なんかしなくていい。馬鹿が1人いると、課全体が腐ってしまうから、弁償したら、もう会社に出て来るな！」

こうやって生い立ちにまで遡って、人格を否定され侮辱されたY君は顔面蒼白になり、黙って部屋を出ていきました。結局、Y君は鬱病と診断され、休職です。彼が復帰したのは1年半後のことですが、出世という意味では正直言ってお先真っ暗ですね。

部下に威圧的なのに、上司の目ばっかり気にしている男でした。

販売店に今後の戦略を説明する大きなイベントが、A県でありました。そのための資料作りに何週間も過重労働を続けた我々企画課のスタッフは、疲労困憊です。N氏は、自分の思い通りの企画及び資料ができたので上機嫌でした。事件は、イベント会場に向かう新幹線の中で起こりました。

車中、N氏は担当役員に、企画内容を説明していましたが、役員から「この部分は、ちょっとまずいねぇ。こういうふうに変えてみたらどうだろう」と言われました。さぁ、それからが大変です。すぐに私のところに飛んできた彼は、「なんで、お前は俺の言った通りに資料を作らなかったんだ！　俺を騙したな！　お前はいつもそうやってずるく立ち回るからな！」と、車中に響き渡るような大声で、私を罵倒しました。

私は事情がまったく分からなかったのですが、とにかく、会場に着くまでに資料を直せというお達しなので、何とかするしかありません。ノートパソコンを持ち合わせていなかったので、「課長、パソコンがないので、ご指示の通りに、手書きで直します」と言ったのですが、「馬鹿野郎！　今回のイベントがどんなに重要か、低能のお前には分からないのか！　手書きなんかでやったら許さんぞ！」という言葉が返ってきました。

あまりの剣幕をなだめる術がなかったので、私は新幹線の中を歩き回り、パソコンを持っていた見ず知らずのビジネスマンを見つけ、拝み倒して貸してもらいました。

何とか資料を作り直し、N氏に見せると、すぐに役員のところにもって行き、OKが出ました。そして戻ってくるなり、N氏は叫びます。

「だからいつも言ってるだろう。俺の言う通りやればいいんだよ。ない知恵絞って、ぐちゃぐちゃやるんじゃない！　今後、同じようなことがあったら、絶対に許さないからな。人事に言って、お前なんかすぐに辺鄙な地方の営業所に飛ばしてやるからな！」

N氏の理不尽な振る舞いに怒り心頭だった私は「ぜひ飛ばしてください」という言葉が喉元まで上がってきましたが、必死に抑え、我慢しました。所詮はサラリーマンであることの悲しさですね。

ある会議の席上では、こんなことがありました。役員も出席し、企画の是非を決める重要な会議です。企画内容をN氏が説明すると、某役員から「なかなか大胆なアイデアだねぇ。いいんじゃないかな。これ誰のアイデアなの？」という発言がありました。

得意満面なN氏は、「はっ、私であります」と陶酔の表情で、答えました。端で見ていた私はおかしくてなりませんでした。徹底的に上に弱い彼ならではの一面です。まるで尻尾を振って喜ぶ犬のようでしたね。

ところが、次の役員から「しかし、この部分は実現が難しいんじゃないか」という反論がありました。これは携わった企画課員すべてが内心思っていたことですが、いつものようにN氏の「俺の言う通りにしろ！」という脅しに負けて企画に載せた部分です。

すると彼はいきなり私を指差し、「そこは私も難しいと思っていたのですが、高橋君がどうしても譲らなくて。私も困っていました。ご指摘の通りだと思いますので削除します」と畏まって答えました。お陰で、私はその役員から「高橋君も、もう少し現場の立場に立ってものを考えないとダメだな」とお叱りを受ける始末です。

このような、N氏のパワー・ハラスメントの事例は枚挙に暇がありません。

これまで何人もの社員が、人事部や組合に苦情を申し立てましたが、結局は闇に葬り去られてしまいました。「そんなことは、自分で解決しろ」という会社や組合の考えなのです。このような言語道断な人物の存在が許されるという意味では、我が社もこの本で言うブラック企業なのかもしれませんね。
うちの会社では、だいたい3、4年で異動になります。私も企画課という「強制収容所」から4年後に脱出できました。4年間、忠実にN氏に従ったため、転出先は希望通りの部署です。

企画課時代の4年間に、軽度の鬱病に2回、ストレス性の胃潰瘍に1回なりました。まあ、休職や退職するほどの病気ではなかったので、よしと考えています。

この4年間に学んだのは、人間はもろいということです。どんなに怒鳴られようが、罵倒されようが、理不尽な仕打ちを受けようが、黙ってやり過ごせばいいのでしょうが、実際には、どんどん心を痛めつけられ、無気力になり、自信を失い、自己否定の感情が芽生えてきます。同僚の中には、怒鳴られれば怒鳴り返し、理不尽な指示は無視するという反骨の男もいましたが、N氏から疎んじられ、結局異動先は、弊社の本業から大きく外れた閑職部門になりました。人事権の行使も、彼の凄まじいパワー・ハラスメントの一環です。

いまだにN氏のことを思うと、はらわたが煮えくり返ります。今は多くの部下を持つ身ですが、最初に申し上げた通り、彼を反面教師に、自戒する毎日です。

さて、その後のN氏ですが、やはりあまりの人望のなさと、部下からのクレームの多さで、役員になる夢は破れ、業界団体に天下っていきました。しかし、そこでも他社から出向してきたスタッフと問題を起こし、結局は本社の窓際部署に戻り、そこで閑職のまま定年を迎えたということです。

通常、定年退職者には壮大な送別会が開かれますが、N氏は開いてもらえなかったそうです。考えてみれば、これだけ人から憎まれて彼も寂しいサラリーマン人生でしたよね。

■高橋さんは、あまりにも最悪の上司のもとに何年もいたおかげで、人心掌握術が結果的にうまくなったという。その上司の所業を思い出し、反対のことを行なえばいいのだ。

【著者による業界診断】

高橋さんの話は上司によってどんな職場もブラック企業化するという事例の典型である。自動車メーカーは、基幹産業として日本のみならず、海外各国の経済で重要な位置を占めている。自動車を製造するのに膨大な量の部品が使われ、その製造の下請、孫請けまで含めると莫大な数の企業が関わっているからである。また自動車メーカーの、メディアへの広告出稿量は過剰なほどであり、その金額の多さにマスコミも自動車メーカーの不祥事を報道しないような自主規制がされているらしい。

chapter.16

ＩＴ企業

中村政夫さん（23歳・男性　就業中）

激務度：★★★★★　薄給度：★★★★　悪質度：★★
残業・休日手当：あり

仕事内容：ＩＴとは、言うまでもなく「情報技術」のことである。ＩＴ企業という言葉はよく聞くが、その実態は大きく3つに分けられる。メーカー系、システム系、商社系だ。メーカー系はパソコンなどのハードを作っている会社のこと。システム系は、システムエンジニアやプログラマーが、個々の案件ニーズに合わせたシステムを構築していく会社のこと。そして商社系は、上記２つを組み合わせて、顧客のニーズに最適なハードとソフトウェアを併せて販売する会社のことである。

イメージ写真：ＩＴバブルの象徴という印象の強い六本木ヒルズ。束の間の栄光と凋落を味わったヒルズ族達のニュースは記憶に新しい。

「普通の新卒社員って、一体どんな生活を送っているのですか？」

■中村さんは筆者の友人に紹介してもらった。ブラック企業のことは説明せずともピンときたというので早速その友人と3人で日曜日の夜に飲みがてら取材させていただいた。

僕はまだ入社して5ヶ月目なんですが、それでもウチの会社に入って驚いたことは多いですよ。最初にびっくりしたのは、入社当日のことですね。

実社会や会社のイロハも分からないのに、上司がやってきて名刺ホルダーをドンと渡すんです。「これなんですか？」と僕が聞くと、上司はホルダーを手でバシバシ叩きながら「とりあえず50社に電話してアポイントメントを取ってみろ」って言うんです。

入社したばかりで会社の商品のことなんて何も分からない状態ですよ。最初は冗談かと思いました。でも上司は「やれ！」と表情を変えずに言いました……。

何がなんだか分からないまま、とにかく電話しましたよ。当然しどろもどろです。入社前の説明では17時半までの業務だということだったのに、いきなり約束を反故にされて、電話をかけ終えたのが20時過ぎでした。クタクタになって帰宅したのは21時半。初日から先が思いやられましたね。

研修は一応入社前の11月から3月まで、1ヶ月に1回ありました。ですがそれもこちらから連絡を取って初めて分かったことなんですよ。

ウチの会社には採用部門がなくて、営業の人が代わりに採用をやっていたのですが、その人が僕を採用した後に辞めてしまって、何の音沙汰もなかったんです。

おまけに同期入社が10人いるはずなのに行ってみたら、新卒入社は僕1人だけでした。

入社を断ろうと直前まで悩みましたが、結局家庭の事情があって、働かざるを得ませんでした。入社してから聞いたんですが、最短で辞めた人は、入社日の昼休みに辞表を出したそうです。なにしろ入社前は「テレアポなし、ノルマなし、残業なし」と言っていたのに、入社当日の午前中に行なわれた説明ではまったく違いましたから。

仕事内容は、電子計算機及びその周辺装置の製造や関連装置の輸入及び販売です。僕は営業でストレージという超大型サーバみたいな記憶装置の販売をしています。

営業先は企業や大学など、膨大なデータ処理を必要としている法人です。競合他社は大手では、IBM、日立、富士通、東芝、NECなどそうそうたる超一流企業です。その中で戦っていくわけですから、大変ですよ。

ものすごい数の電話をしまくって、少しでも反応があればカタログを郵送します。後はとにかく会ってもらえるように粘ります。社員数は、営業部に30人、技術部に20人、事務に10人の計60人体制です。ただ、リクナビの募集要項には180人と載っていました。

からくりを知って唖然としました。グループ会社がウチも含めて3社あるんですが、社名が違うだけで社員は全員重複しているんです。住所は全部一緒で、電話番号が違うだけです。

僕も3種類の名刺を持っています。60人×3社で180人というわけです。

理由はおそらく税制上の優遇措置を受けるためと、1社でテレアポが断られても別の社名の会社からまた電話できるようにするためだと思います。実は僕も今いる会社とは違う、3社の中では親会社にあたるところに採用になったのですが、入社したら今の子会社の所属になっていました。

就業時間は、一応9時から17時半までですが、社員はみんな7時には会社に行っています。会社の掃除とその日自分が行なう仕事の準備をするためです。8時半から朝礼。そして遅くとも10時には営業に出ます。3、4社営業回りをして早ければ18時過ぎくらいに帰社します。

ただ大阪や仙台のお客さんも持っているので、足を伸ばしたときは22時過ぎの帰社になったりしますね。こういう場合でも絶対に直帰は許されないのでどんなに遅くなっても一日帰社して、見積もりを作ったり、稟議書を回したり、見込み客にカタログを郵送する作業をします。手書きの手紙も添えるので結構大変です。作業に手間取っていると終電を逃してしまうこともあります。そういうときは会社の近所の朝までやっている飲み屋に行き3時くらいまで飲んで、その後酔いを覚ましてから始発を待ち、一旦帰宅してシャワーだけ浴びてまた出社です。

有給なんてまったく取れません。それどころか土日も出社が当たり前です。

最後に休んだのが2ヶ月前のことで、それ以来土日関係なくノンストップで働いています。夏休みを取りたいと上司に言ったら「おまえは、馬鹿か！」と一蹴されてしまいました。

給与は手取りで21万円強です。新入社員としてはいい方じゃないかと思われるかもしれませんが、ここにからくりがあります。21万円の中には、営業手当2万円、家賃補助2万円、交通費2万円。それに携帯電話の使用料が1万5000円含まれています。

この営業手当の中には、残業代、休日出勤手当がすでに組み込まれているんですからどうしようもないですよね。交通費なんて月に4、5万円いきますし、携帯も4万円くらいかかるので、実質大幅な赤字ですよ。

そういえば、この前自分の時給を計算してみたんです。そうしたらなんと300円を切っていました。ファストフードのバイト学生の半分以下ですよ。ショックで思わず電卓を床に投げつけてしまったほどです。

ノルマは、年間で1億円です。ウチの商品は一番安くて40、50万円。高いもので7000万円くらい。通常よく売れるのが4、500万円の商品です。設置代とか全部込みの価格です。ノルマが達成できないと厳しいペナルティがあるらしいのですが、僕は幸運なことに6000万円の契約が取れたんですよ。本当にラッキーでした。

ただしまだ試用期間だったことで、金一封もなく、夏のボーナスにも還元されませんでした。その後もぼちぼち売れているんで何とかノルマ達成はできそうです。今の話はラッキーなんですが、ひどい話もありますよ。

夜中の3時にいきなり会社から電話がかかってきて叩き起こされたことがありました。寝ぼけながら対応すると、上司が切羽詰まった声で「トラブルがあったから、明日朝イチで大阪の客のところに行ってくれ」と言うんです。

そのお客さんは自分の担当じゃないし、トラブルの状況も分かりません。交通費がないんで無理ですと断ったら、お金は机の上に置いておくから、とにかく行ってくれの一点張りでした。まったく僕の言うことに上司は耳を傾けてくれず、結局イヤイヤ行きましたが、頭を下げるしかありませんでした。これは入社したばかりの4月の出来事です。ちなみに携帯電話は24時間切ることは許されません。

ウチの会社は社長の同族経営で、なんでも社長がルールなんです。社長の奥さんが営業のトップで、息子2人も幹部社員です。営業は日中外出できるからまだいいのですが、全員女子で固められている事務の社員は、毎日社長に八つ当たりされています。朝やれと言われたことをその通りにやって社長に見せたら怒られた、なんて話はいくらでもあるようです。本当に朝令暮改です。

笑っちゃうのが、事務の女性の顔かたちや雰囲気が全員同じなんですよ。社長が自分の好みのタイプを採用したからだって言われています。言うなれば独裁者タイプなんでしょうね。

最近中国人が中途で入社してきたんですが、僕は目を疑いましたよ。その人の名刺には「田中」って書いてあるんです。

社内でももちろん「田中さん」と呼ばれています。日本語を普通に話すことはできるんですが、独特のイントネーションで中国人だと分かります、帰化された方なのかなと思って尋ねたら「社長に日本名を名付けられた」という答えが返ってきました。中国人よりも日本人の方が営業として通りがいいからでしょうね。それを聞いたときには、本当に引きましたね。仕事は本当に激務です。今はまだ耐えられていますが、30歳過ぎてできる仕事じゃないですよ。1回どうしても朝起きられなくて、遅刻したことがあるんですが、その月は給与から8000円引かれました。有給は使えないし、遅刻しただけで給与が引かれるなんて横暴にもほどがありますよ。

日報は毎日提出することになっていますが、退社時間は書くなって言われています。記録に残りますからね。あと土日の出勤は日報書かなくていいんです。理由はお分かりでしょう。

まだ入社して半年も経っていないので、最低1年は続けようと思っています。なんとか休みがほしくて今月の16、17日に夏期休暇届を出しています。今審査待ちですが、上司の雰囲気から何とか通りそうです。本当に嬉しいですね。

数ヶ月ぶりの休みになりますので、友達に連絡を取ったり、映画を観たりして過ごそうと思っています。上司や社長は、新入社員の分際で、土日きっちり休もうなんて今どき珍しいなんて言っていますが、本当にそうなんでしょうか？

え、夏期休暇ですか？　申請したのはもちろん平日じゃないですよ。土日です。

こんな調子で働いているんで、大学の同期とも話す暇がなくて、普通の新卒社員はどんな生活を送っているのか知りたいですね。

■取材中酒が進むにつれて、中村さんは「やってられないですよ」「正直明日にでも辞表を出したいですよ」と愚痴をこぼすようになっていった。それでも22時になるとしゃきっとして「明日も早いんで、これで失礼します」と急に酔いが醒めたように帰っていった。

【著者による業界診断】

ＩＴ関連の営業商品といっても千差万別である。ストレージは高額商品であるために、顧客もブランドを重視する。中村さんの会社のような中堅企業は、はっきり言ってキツい。ここで重要になってくるのが、営業の人間力と、24時間対応できる体制だ。ＩＴ企業とはいっても、売る商品が違うだけで、バックボーンは人間の気合いと根性、そして不眠不休の激務になる。結局はアナログな体制で、最先端の商品を売っているだけに過ぎない。ＩＴという言葉に踊らされず、企業の本質を見抜き、就職するようにしたい。

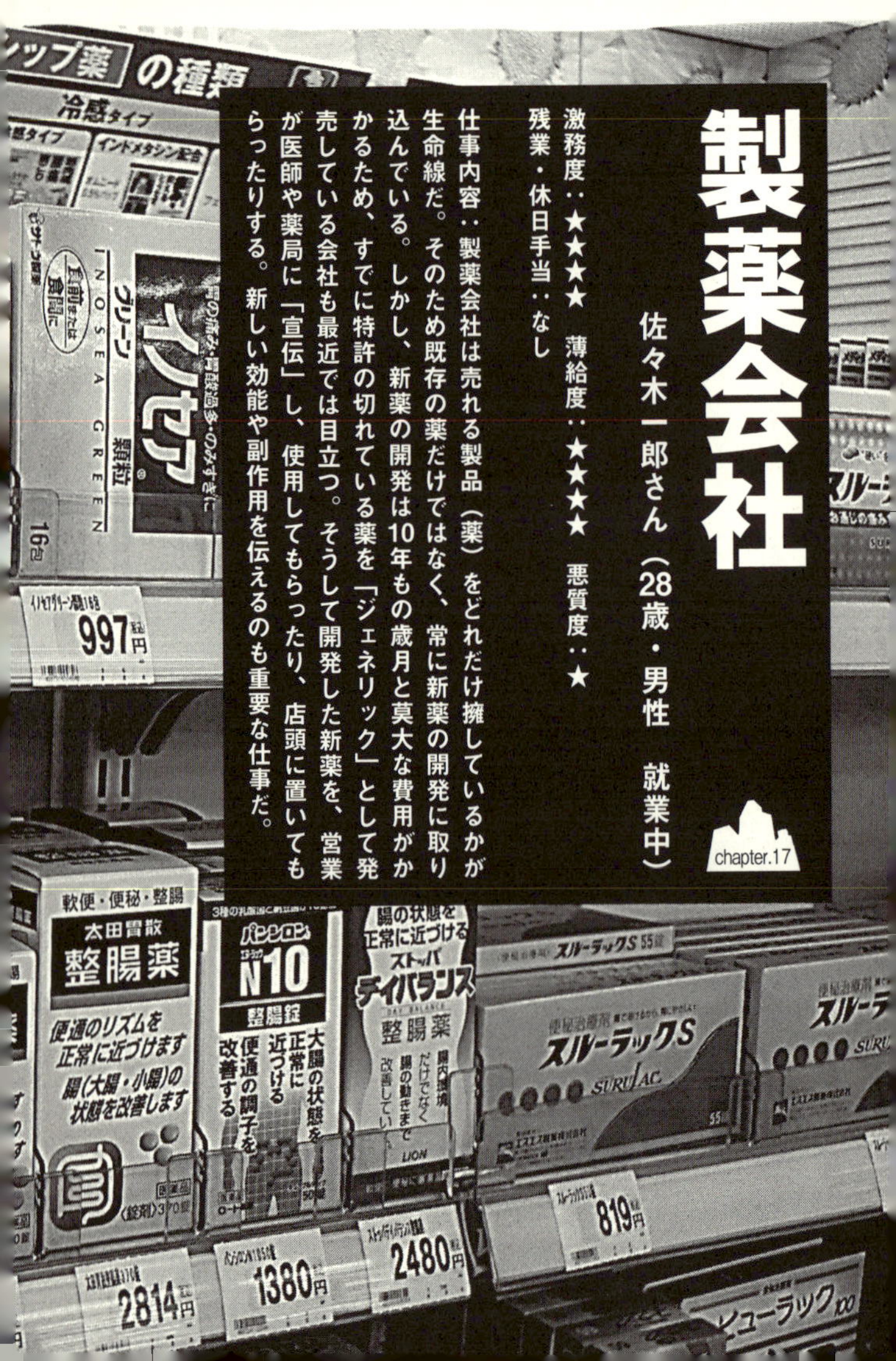

製薬会社

佐々木一郎さん（28歳・男性　就業中）

chapter.17

激務度：★★★　薄給度：★★★★　悪質度：★

残業・休日手当：なし

仕事内容：製薬会社は売れる製品（薬）をどれだけ擁しているかが生命線だ。そのため既存の薬だけではなく、常に新薬の開発に取り込んでいる。しかし、新薬の開発は10年もの歳月と莫大な費用がかかるため、すでに特許の切れている薬を「ジェネリック」として発売している会社も最近では目立つ。そうして開発した新薬を、営業が医師や薬局に「宣伝」し、使用してもらったり、店頭に置いてもらったりする。新しい効能や副作用を伝えるのも重要な仕事だ。

イメージ写真：薬局の棚に所狭しと並ぶ薬。

「全然ブラックなんて思っていません。本当にやりがいのあるいい職場です。」

■佐々木さんは知人に紹介してもらったのだが、そのときの申し送りに「実は彼は、全然ブラック企業に勤めているという実感がないみたいなので、慎重にアプローチしてください」とあり、筆者は興味津々であった。お会いしたときも礼儀正しく、肩幅の広い身体を折り目のきちっとしたスーツに包んだ、見るからに好青年という印象だった。

初めまして、●●製薬の佐々木と申します。何か誤解をなさっているようですが、ウチの会社はブラック企業じゃないですよ。それでも構わなければ、お話しさせていただきますが、それでよろしいですか?

ウチは製薬会社ですが、薬には2種類あるのをご存じですか？　普通に薬局や場合によってはコンビニでも買える薬、これをOTCと言います。Over The Counter の略で、カウンター越しに販売可能なのでこういう略称がつきました。もう1つがドクターの処方箋なしには買えない薬。薬剤師さんがいる薬局に医者の処方箋を持っていって買う薬です。通常製薬会社の営業というと後者の、ドクターに宣伝して使ってもらうように注力するMR（Medical Representative の略。医薬情報担当者）なのですが、私は前者OTCの営業をしています。

え、そんな説明より会社や仕事のことが聞きたいですか？　失礼しました。

入社理由はコマーシャルでおなじみの会社だったからというのが大きかったですね。力強さを感じさせる栄養ドリンクのコマーシャルはどなたでも見たことがあるかと思います。他にも学生時代からよくウチの会社の風邪薬などを使っていましたね。

もともとメーカー志望だったのですが、営業をするのなら、認知度が高い商品を売る方がいいなと思っていました。最初は食品メーカーの説明会に行っていたのですが、食べ物って一瞬おいしいかもしれませんが、食べ終わったらそれでおしまいじゃないですか。その点、薬は弱っている人を健康にしますよね。

ウチの会社の採用ウェブサイトを見たとき、ここでならそういう商品の営業ができると思いました。どうせなら、他人様の役に立つモノを売った方がいいかなと思って、ウチの会社に決めました。はい、初めから営業志望でした。

目が覚めるとまず「ファイト！」って気合いを入れます。朝の光を浴びながら出社するのは本当に気持ちいいですよ。

勤務時間は8時半から17時半までと就業規則で決められています。ですが毎朝7時前には会社に行っていますね。上司をはじめ部長などが朝早くに出社されるので、私たちはそれよりなるべく早く出社しないと申し訳ないですからね。みんな自発的に早く出社しているのです。

退社時刻は日によって違いますが、22時から終電前くらいでしょうか。大体営業先から直帰できることが多いですね。

早朝出勤手当も残業代も休日出勤手当も、営業手当ということで一括されています。何時間働こうが定額です。

朝の時間は同僚も、もちろん直属の上司も出勤していらっしゃるので、情報交換や疑問点の解消にあてています。

営業活動での不安や疑問の解消、新しい情報を得ることもできるので、手当なんかいただいたらバチが当たりますよ。1日の始まりに仲間達と前日の売り上げの話ができるのが、その日1日働いていく上でのモチベーションにもつながります。

確かに肉体的には、かなりきついですね。1日が終わると本当にくたくたです。ただ無駄な残業はなく、営業日報も全部パソコンで送って直帰できるので、わずらわしさはまったくありません。

ウチの会社は一部上場企業で知名度も非常に高いですし、理事には元厚生労働省のＯＢが就任していらっしゃるので安定しているし、さらに発展しているところがいいですね。営業活動も、しんどいお客さんのところには上司が同行してくれるので、安心です。

薬局さんへの営業ですか？　基本的には同業他社の同じような商品を、店頭のディスプレイから減らして、自社の商品を目立つように置いてもらえるように担当者の方にお願いすることですね。もちろん少しでも多く買っていただくためです。

そのために、どれだけ薬局の担当者の方に気に入ってもらえるかが重要なキーになります。ですから「お願いします」は1回の営業で、10回くらいは口にします。そして商品の情報提供。副作用の情報もきちんと提供します。

営業ですから、ノルマはもちろんあります。でも一所懸命やっていれば、何とかなりますよ。

どうしても無理そうなときは、「押し込み」という裏技もありますから、大丈夫です。押し込みというのは、月末にカラ売りして、取りあえず薬局さんに商品を預かっていただいて、翌月に返品してもらうという方法です。

バレないかって？　そこは薬局さんとの信頼関係の上に成り立っている裏技ですから大丈

夫です。「本当に申し訳ありませんが、何とかお願いします」って誠心誠意頼み込んで、土下座の1つでもすれば、「まあ、しょうがないな。その代わりキックバックの件頼むよ」って、大体引き受けてもらえます。どこの会社でもやっていることです。

よく言葉だけで社会貢献していますっていう会社はたくさんありますが、本当に口先だけか、お金を出すだけでしょう。その点、ウチの会社は言葉よりも行動が先にありますから、大したものだと思います。

社長は本当に尊敬できる方です。もちろん滅多にお顔を拝見することはありませんが、社内報で社長のお言葉があると、暗記するまで読み込みます。本当に素晴らしい方です。

私の同期は半分以上辞めていますが、それは彼らに気合いや根性、そして愛社精神が足りなかったからだと思います。

精神的プレッシャーがきついと言って辞めていった同僚がいましたが、そんなものは気合いで充分カバーできます。肉体的にしんどいと言って辞めていった同期は、根性が足りなかったからだと思って、送別会にも出席しませんでした。やる気のない人間は淘汰されていくんですよ。

私からすれば、なんでこんなにいい会社を辞めていくのか理解できませんね。たしかに体育会系の社風で、営業成績の悪い社員は、上司に同僚の前で罵倒されたり、閑職に追いやられてしまうことはありますが、それはその社員のファイトが足りないんですよ！

私なんか本当に働いていているだけで、どんどん健康になっていく気がしていますよ。

大学の後輩が会社訪問に来ることがあるのですが、みんな私の話を聞いてもっと目を輝かせて同意して「ぜひ、入社させてください。一緒に働かせてください！」と言うかと思ったらそうでもないし、その後もウチを受けなかったようなので、本当に不思議に思っています。なぜなんでしょうね？　理解に苦しみます。

ウチの会社の育毛剤に、副作用のクレームが非常に多いですって？　なんということを言うんですか！　使い続けることが前提の薬なのに、途中で止めてしまった人が悪いんですよ。

もしくは「男性型脱毛」の問題点やウチの商品について、きちんとした説明をせずに販売している薬局さんの問題だと思いますね。その商品は使い続けてこそ効果があるんですから。

薬局さんによっては、私たちをお店のディスプレイの移動などの力仕事をやらせるだけの便利屋と考えていて、商品の情報提供をしても、ちゃんと聞いていない方も多いんですよ。そういう方と話すとむなしいですね。

育毛剤は実際飛ぶように売れていますよ。カツラメーカーに行って高いお金を払ってフェイクのカツラを作らずにすむんですから、これは頭髪の悩みを持っている男性には朗報ですよね。生活者の幸福に寄与する仕事ができることを、私は本当に誇りに思いますよ。

私はウチの会社と、この仕事に誇りを持っています。胸を張ってそう言いきれます！ですから仕事が大変なときでも絶対に愚痴を言ったりしません。

私の日々の営業が生活者のためになり、会社の発展にも貢献していると思うと、ものすごく幸せです。まさに天職だと思っています。

私は、どれだけ自分が頑張れるのか、試していきたい気持ちで一杯です。

不満といえば、土日も大抵仕事なのと有給休暇が取りにくいことでしょうか。ですが上司も土日に会議したことを誇らしげにおっしゃいますし、私も早くそんな立場になりたいものです。

本当に充実した職場環境です。社内の行事もボウリング大会とか、スキー旅行などが会社主催でありますしね。

まあどうしても、嫌な点を挙げろと言われれば、会社支給の携帯にＧＰＳが内蔵されているので、どこにいるかが会社に筒抜けなことくらいでしょうか。

■佐々木さんは、見た目爽やかなスポーツマンタイプ。学生時代もラグビーに明け暮れる毎日だったそうだ。彼のような人材が、「日本株式会社」を大きく発展させていくことは間違いない。ぜひ出世して彼の愛社精神を部下たちにも伝えていってもらいたい。

【著者による業界診断】

製薬会社では、本文中にもあったように、ＭＲという職種の方がメジャーである。ＭＲはかつて「プロパー」と呼ばれ、医者に取り入るために夜ごとのクラブでの接待やゴルフ、麻雀などをしていただけではなく、引っ越しの手伝いをしたり、プライベートな面でも奴隷状態だった。現在は医者の論文の手伝いをする程度だと聞く。過剰接待は外資系を中心になくなってきているので、女性のＭＲも最近はかなり増えてきた。ただし、健康に寄与する仕事であるために、１９９７年から、ＭＲ認定試験制度が導入された。

メガバンク

志村健一さん（47歳・男性　就業中）

chapter.18

激務度：★★★★　薄給度：★　悪質度：★★★

残業・休日手当：なし

仕事内容：銀行での業務は融資、審査、回収に大別できる。融資はお金を貸し、審査はその融資が適正かどうかを判断する。融資する対象は、法人と個人に別れる。法人営業は、企業に対して融資を行い、その際に焦げ付かないように、新しい業容を提案するなどコンサルティングの要素も大きい。場合によっては、相手先企業に役員として出向し、経営のハンドルを握ることもある。一方個人相手の場合は、1つでも多く口座を作ること、1円でも多く定期預金をしてもらうことがミッションである。

イメージ写真：某銀行の貸金庫。見なれない人にとってみれば異様な光景に映る。

「銀行が悪いのではなく、非は潰れていく顧客側にあると思わないと、やっていけませんね。」

■志村さんとは、筆者の学生時代の友人の紹介で知り合うことできた。銀行は必要悪であるという考えだが、それでも構わないのなら、という応答をいただき、その前提で取材をさせていただいた。

入行以来「お客様のために」なんて一度も考えたことはありません。銀行での仕事は「肉体的」「精神的」に大変ハードです。

とにかく時間が足りない。常に時間に追われているから、精神的な余裕がないということです。それを充実した給与や福利厚生、出世階段、一流企業で働くというプライドなどの「経済的・精神的メリット」でカバーし、何とか均衡を保つという仕組みになっています。私自身はそれが決して悪いとは思いませんが。

入行以来、ずっと支店の融資畑を歩んできました。顧客は、規模の大きい中小企業が中心です。規模が小さな中小企業や零細企業は、利幅が少ないしリスキーなので、地銀や信金のテリトリーです。

まあ、これほど反倫理的な仕事はないかもしれませんね。強い者、儲かっている企業には、より強く大きくなるように、どんどん甘いエサといえば聞こえは悪いですが、金を与えます。そして弱い者、儲かっていない企業、転落した企業からは、倒産してパーになる前に搾り取れるだけ搾り取るのが、有体に言えば私が会社から与えられた使命です。

よく「金融は経済の血液」と言われますが、銀行は輸血することもできるし、失血死させることもできます。すべて当行の利益最優先が基準なので、テレビのコマーシャルでは「お客様のために」とか「顧客第一主義」なんてきれいごとを言っていますが、そんなことは、正直言って考えたこともありません。

更地になった、地上げ後の土地を見ると勃起しました。それくらい興奮するんですよ。この土地にまた新しい建物ができ、その資金を私が融資できることを想像すると。

入行から数年はバブルの時代で、とにかく土地に関連するものには、ジャブジャブと貸し出しました。

地上げの片棒を担ぐようなこともしょっちゅうでした。ボロ屋を壊して、土地を更地にして、転売して、ビルを建てる。その費用は全部、当行からの融資で賄わせる。あの頃は審査なんていい加減なもので、土地の評価額の1・5倍くらいは平気で融資していましたね。

とにかく、相手がいらないといっても貸す。もう来ないでくれと言われても貸す。ほっといてくれと言われても貸す。

半分ヤクザみたいな連中との付き合いもありましたよ。まあ、世の中全体が融資合戦でしたからね。そのうちにバブルが崩壊し、あっという間に当行も不良債権の山です。我々にとっては価値観の大転換でしたよ。昨日まで信じていたものが壊れちゃったわけですから。

今度は、厳しい経営状況のところから、いかに素早く剥ぎ取るかが勝負になりましたね。これは過酷で冷酷な仕事です。「今、ここから融資を引き上げたら、確実に倒産し、経営者や社員が路頭に迷う」ということが分かっていても、とにかく当行の利益最優先です。「銀行は晴れているときに傘を差し出し、雨が降ると傘を取り上げる」とよく言われますが、その通りです。どんなに拝み倒されようが、泣かれようが、情をかけている余裕なんかこちらにもありません。

行き詰った工場経営者が自殺したこともありましたが、ほんのちょっと胸が痛んだ

だけで、次の日にはもう忘れちゃいましたね。極端な話、自殺すれば生命保険が入るので、少しでも回収できますからね。

銀行で働いていると麻痺しちゃうんですよ、心が。人間らしさとか、道徳とか、倫理なんていうものを持ち込むと、仕事になりませんから。

徹底的に自分に甘くなります。顧客が倒産しようが、その経営者が首をくくろうが、それはその人の自己責任。自分にはまったく非がない。そうとでも考えないと仕事なんかできませんよ。

不良債権問題もある程度解決した現在は、まあまあバランスのとれた、健全なビジネスだと思いますよ。

我々自身、常に厳しいノルマで縛られています。能力評価は数字だけ。「顧客に喜ばれた」とか「地域に貢献した」とか、そんな数値化できないものには、価値がありません。とにかく理屈抜きに数字ですよ。

ノルマは達成して当然。さらに高いノルマが設定され、それを達成し続けなければ、同僚との出世競争に敗れてしまいます。幸い私はこれまでノルマ未達だったことはありませんが、達成できない人間は、いづらくなり、どんどん辞めていきましたね。

他行との合併とかいろいろありましたが、私は同期の中でも早く支店長になれましたし、自分で言うのもなんですが、当行の中では勝ち組の部類に入ると思います。本店勤務のような花形ではないですけど。

入行以来、とにかく仕事中心でやってきました。肉体的にも精神的にもヘトヘトですが、3日以上の休みなんて取ったことがありません。家族には申し訳ないですけどね。

特に支店長になってからは、支店の経営全体に責任を持つわけですから、仕事はよりハードになりました。自分自身でノルマを達成する個人プレーではなく、いかに部下に数字を達成させて、支店全体に科せられたノルマを達成するかというように、私のミッションも変わりました。

個人のノルマは自分が歯を食いしばって頑張ればいいのですが、部下にやらせるというのは、歯がゆいものです。何人かはいますよ。あまりにも過酷なノルマや、ハードな仕事に耐え切れなくなって、鬱病になったり、辞めたりした人は。

しかし、銀行は厳しい競争社会の真只中にいるわけですから、そうやって弱い人が脱落していくのは、ある面しょうがないと思います。弱肉強食ですよ。

最初にも申し上げましたが、仕事がハードな分、リターンも大きいですから、やりがいはありますよ。数字という目に見える結果が出るわけだし。まあ、本音で言うと、バブルの頃が一番充実していましたけどね。本当に面白かったなぁ、あの頃は。

内々定段階の学生のときに、採用担当の方から「これ、君の目標だから頑張ってね」と融資カードのノルマを押しつけられました。私がノルマ達成の厳しさと喜びを同時に教えられたのは、実は入行前なのです。

たしか、内々定を4回生の夏休み前にもらったのですが、どこかのホテルに一堂に集められましてね。そこで、当時、売り出していた大学生向けの融資カードの申込書を、1人30枚ずつ渡されたのです。ざっと商品の説明があって、これを12月までに集めてこいと。毎月、その月の成果を報告しろとね。最初は、まあ、遊び気分でやりましたが、全然ダメですよ。すると2ヶ月目ぐらいに人事部から呼び出しがありまして、私のカード申し込み成績が、第何位で、下から数えた方が早いと。

一覧表になっているのですよ、それまでの実績が。「こんな簡単な仕事もこなせないようじゃ、入行してから先が思いやられるね」という厳しい言葉を人事の方から言われました。「うわっ、こんなことまで管理されるのか」と焦りましたよ。それからは必死です。

友達の友達の、そのまた友達にまで売り込みをかけましてね。何とかノルマを達成することができました。やりたくないって嫌がっている友達に無理やり押し付けるわけですから、ヘトヘトになりましたよ。

内定学生までビジネスに使うというひどい話ですが、正直言って、達成感は大きかったたですね。銀行での仕事の喜びはこれで、同期との競争はこれなんだって。この経験があったので、実際の支店業務にも抵抗なく入れたような気がします。

取材を受けてこう言うのも変ですが、銀行は、この本で定義されているブラック企業ではないと思います。

確かに「顧客の幸せ」や「地域への貢献」なんて考えませんが、結果として我々から融資を受けることによって、企業は成長できるわけですし、不遜な言い方ですが、先方からは勝手に感謝され喜ばれます。

逆に融資を切られて倒産したとしても、それは別のところに原因があるわけで、我々の責任ではありません。

銀行で働くという視座で考えても、厳しいノルマがあるとか、肉体的・精神的にハードだとかいうことは入行前に薄々分かっていることで、みんなそういうことを踏まえて入行するわけですからね。社会的地位は高いし、給与もいいし、少々仕事がハードなのは当たり前ですね。仕事上の倫理観というのは、法を遵守するという、その1点だけが重要で、後は本音では関係ありませんよね。例えばメーカーにしても、作って売って儲けることが大前提で、世の中に貢献しようなんて誰も思っていないでしょう。

だからどこでも一緒ですよ。世の中で一番力を持っているのは、いつの時代でもやはりお金です。そう考えると、お金を扱う事業の中でも頂点に立つ銀行は、いい会社の部類じゃないでしょうか。

■志村さんは、常に淡々と冷静に話し、論点が横道にそれていくことも、感情的になることもなかった。ある意味悟りを開いているかのようだった。ただ、瞳の奥には諦めに似た鈍い光が見えた。

【著者による業界診断】

銀行には中央銀行である日本銀行を除いて、メガバンク、信託銀行、地方銀行、第二地方銀行などがある。地方銀行、第二地方銀行は地域密着型の信用金庫や信用組合に近い。メガバンクとは、護送船団方式よって守られていた13行あった都市銀行が、1996年の「金融制度改革」いわゆる金融ビッグバンの後、合併統合を繰り返し、生き残った銀行を指す。メガバンクは持株会社が、銀行、証券会社などを統轄する形式になっている。そのため採用の入り口は持株会社が一括して行ない、その後のプロセスで希望する職場や職種にエントリーすることが多い。

これから就活する方へ

◎キャリアアドバイザー　小畑良子からの言葉

◆採用担当は偏差値で学生を見る

この数年、新卒市場は企業の人事から見て三極化しています。「非常に優秀で、ぜひ採用したい学生」と「やる気がなくて受け身である、採用したくない学生」そしてそれ以外です。

「非常に優秀で、ぜひ採用したい学生」は大学でいうと旧帝大、一橋大学、早慶、国際基督教大学、上智大学などの学生の中から、文学部、教育学部を除いた学生です。そして日東駒専より下の大学が「やる気がなくて受け身である、採用したくない学生」。その中間にある大学が「それ以外」です。

恋愛において見た目が重視されるように、企業は学生を大学・学部でフィルタリングします。企業の採用担当は非常にドライです。

まず大学・学部の偏差値で学生を見ます。なぜなら、超一流大学の学生の方が統計学的に優秀な人間が集まっていることを知っているからです。

彼らは高校時代、または浪人時代、他の人よりも懸命に勉強して狭き門をくぐってきた「努力して成功した体験」を持っているからです。もちろんまぐれで入学できたり、入学後にまったく勉強しなくなった学生もいるでしょうが、それでも高い偏差値の母集団の中には、優秀な学生がいる確率は高いのです。私もキャリアアドバイザーとして、これまで多くの学生達に会ってきましたが、感想は同様です。

企業によっては「東大クラスを今年は10人採用しろ」などのノルマが課せられている採用担当もいます。

◆コミュニケーション能力の高さと地アタマのよさをアピールしよう

「非常に優秀で、ぜひ採用したい学生」以外の学生と企業に思われている場合はどうすればいいのでしょうか。

答えは簡単。

とにかく挑戦することです。気になった企業にはすべてエントリーしましょう。学歴でフィルタリングしてエントリーを断る企業も中にはありますが、そんな企業であれば、入社しても嫌な思いをすることは明白です。

優秀層の母集団に優秀な学生が多いということは述べましたが、優秀でない（と企業に見られている）母集団にも優秀な学生が少なからずいることを企業は知っています。その枠を狙うべきです。

その際のキーポイントとなるのが、「コミュニケーション能力が高く、かつ独創的な発想ができる」ということです。

仕事は1人でこなしていくものではなく、上司、同僚、発注先、受注先などと意見を交換しながら進めていくものです。そのためコミュニケーション能力の高さは非常に重要です。また、ただ仲間と協働するだけではなく、自ら積極的にアイデアを出していくことも重要です。

そういう能力を持った人たちが面接で落とされることは少なく、最終面接まで進める可能性は高いでしょう。今からでも遅くないので、一緒に就活する仲間とグループディスカッションを頻繁に行ない、コミュニケーション能力を高める訓練をするべきです。

またES（エントリーシート）は熟慮してひな形を作り、その後、企業ごとにカスタマイズしましょう。

ESはあなたをプレゼンテーションする大事なツールです。労を惜しまず、念入りに作り、できあがったものを友達に見てもらうことも有効です。

◆兵隊社員になると厳しい

銀行などで採用される場合、「非常に優秀で、ぜひ採用したい学生」は幹部候補生、それ以外の学生は「兵隊」として採用されます。

「兵隊」とはリテール営業のことです。リテール営業については、別の方が話していらっしゃるということで、ここでは詳述しませんが、体力と人脈勝負の厳しい仕事です。生保もしかりです。

ですから超有名企業に就職できたとしても、それはブラックな職場への入り口かもしれません。つまり同じ企業だったとしても、ある学生にとっては超優良企業なのに、他の学生にとってはブラック企業ということがあり得るのです。ここには充分注意してください。

また、大量採用している企業の中には、新人の定着率が悪く離職率が高いため、それを見越して多くの学生を採用している企業も珍しくありません。大量採用している企業に入社する際には、前述したことをアタマの片隅に入れておいてください。

◆有名人気企業にこだわるな

現在売上高も純益も株価も高い絶好調の企業が、数十年後にどうなるかは誰にも分かりません。ですから複数の企業から内々定をもらい、同程度の待遇で悩んだときは、自分の好きな企業にいくことをお薦めします。たとえその業界、企業が斜陽になっても、好きな企業なら耐えられますが、知名度やイメージだけで入社した企業では働くモチベーションを維持することはできません。

逆によく探すと、特定の分野でナンバーワンの企業が必ずあります。

ニッチな産業におけるB to B企業（企業間取引をしている会社）であれば知らないのは当然ですが、そういう企業は業界が安定している間はガリバーなのです。例えば携帯電話の中のある部品メーカーというように、自分の日常生活にあるものを深掘りして探っていくのも1つの手です。

◆見切りをつけるなら1年で

あるデータによると、新卒社員の多くは入社して3年以内に辞めていく人が多く、3年を過ぎると、定着率もよくなるそうです。

「石の上にも3年」という諺があり、身近な先輩や両親などから「3年間は同じ企業でがんばれ」という言葉を聞いた方も多いと思いますが、私は1年で充分だと思います。なぜならネットなどの情報ツールが満ち溢れている現在、1年働けば、その企業の行く末はおおむね予想することができるからです。

入社2年目、3年目の先輩の中で活き活きと働いている社員が1人もいない場合は、その企業もしくはその部署はブラックだと思って間違いないでしょう。すぐに転職サイトに登録しましょう。入社1年での転職なら「第二新卒」というカテゴリーで、不利になることもなく、むしろ社会人経験がある分だけ新卒より歓迎される可能性もあります。

ただし転職するときは慎重に。「嫌だから辞める」のではなく、まず次の職場を確保してから辞めることが重要です。

また、営業職の場合、長い時間をかけて信頼関係を構築することで、やりがいを感じることもありますので、一概に1年で転職しろと言っているわけではありません。

おわりに

編集者との打ち合わせや、数々のインタビューを行なった喫茶店のある新宿東口アルタ前に立ってみると、ブラック企業と噂されている企業の看板が多いことに気付く。日本はブラック企業に覆い尽くされているのだろうか。

終身雇用制の崩壊、成果主義の導入による企業文化の変容。

ここにもブラック企業を生み出す土壌があるように思える。

本書の企画段階では思いもよらなかった実態が、取材によって明らかになった。そこには日頃から仕事として就職・採用というものに触れ、ある程度の知識を擁していたはずの私自身、おののかざるを得ない異様な世界が繰り広げられていた。

肉体を酷使し、精神を病み、生活に困窮しながらも、生きていくために会社を辞めることのできないサラリーマンが数多く存在している。

アルタ前の雑踏を眺めながら、私は次の有名な言葉を思い出した。

「就職と結婚はよく似ている」

売上高や経常利益、株価などのデータは、異性関係の場合、学歴や収入などに置き換えることができるだろう。また、有名企業であることや良好な企業イメージなどは、ルックスに置き換えることができそうだ。そして社風や人事担当者の人柄に惹かれ、異性の性格に惚れるようにして就職してしまうこともあるだろう。

しかし、似ているのはそれだけではない。

就職（結婚）してから初めて、相手の真実が見えてくるという点でもよく似ているのだ。結婚における恋愛期間のような就活中・内定中には分からない、「こんなはずではなかった」という点が、入社後、次々と出てくることは珍しくない。

例えば、「家族的な雰囲気の社風」と思っていたら、それは「強制的に飲み会に連れていかれる体育会系のノリ」だったり、「若いうちから大きな仕事を任せられる」と思っていたら、「離職率が高いゆえに、退職する社員の仕事の引き継ぎをさせられる」だけだったりと、枚挙に暇がない。

就職するまではその企業がブラックなのかどうか、本当のところは見えてこないのだ。では、ブラック企業の罠にハマらないためにはどうすればいいのか。入念な事前調査を行ない、企業情報を集めることが1つ。そして、いざ罠にかかってしまっても、いつでも転職することのできるスキルを身に付けておくことが1つだろう。

私の目の前を多くのサラリーマンが足早に過ぎていく。夕闇が支配し、吹きすさぶ風が肩をすぼませる師走の街並。明るい表情で目の前を過ぎていくサラリーマン風の人よりも、眉間に皺を寄せていたり、表情に暗い影を落としているように見える人の方が多いのは気のせいとは思えない。

これからの日本経済の行く末にてのひらを添えるように、私は今後ともブラック企業に関する研究を続けていきたいと思っている。

最後に、本書の企画をバックアップしてくださった目黒浩樹さん、小畑良子さん、桃栗三太さん、和恵さん、かなこさん、タカヒロさん、K・Nさん、鈴木正樹さん、8り8ょ8珍8さん、臼井正已さん、よしゆきさん、タッケーさん、その他、インタビューに快く応じてくださったみなさまに感謝の意を表します。

2008年12月8日　恵比須半蔵

文庫化に際して

一過性の流行と思われた「ブラック企業」という単語も、今では就職・転職をするうえで外すことのできない1つの指標になった。

回復の兆しも見えない経済のなか、学生の就職内定率が低く、失業率が高止まりしている現在、企業は買い手市場をいいことに、弱者である求職者・社員に不条理な要求を突きつけているケースも少なくない。ブラック企業が増殖している背景には、こういった経済事情もあるだろう。

しかし、一方では、自分のミスや能力の低さを棚上げし、上司から注意されたこと（場合によっては解雇されたこと）などを根に持ち、ネットで企業の悪口を書き連ねる人もいる。無料で入手できるネットの情報を鵜呑みにするのではなく、自分自身の判断で内容を咀嚼するように十分注意していただきたい。

本書には、インタビューから構成された18人のモノローグだけではなく、採用のプロといえる人事部長のコメント、キャリアアドバイザーからのメッセージ、さらにブラック企業を見分ける方法も掲載されているので、就職するうえでの1つの視座と捉えていただければ、幸いである。

２０１２年3月10日　恵比須半蔵

著者紹介
恵比須半蔵（えびす・はんぞう）
東京都出身。
大手就職情報会社勤務を経て、就職アドバイザーに。独特の視点から求人広告・採用広告評論家としても活躍中。
別ペンネームで、海外生活アドバイスに関する書籍の出版にも携わる。
ブラック企業情報は随時募集中。
連絡は、ebisu_hanzo@yahoo.co.jp まで。

就職先はブラック企業
—18人のサラリーマン残酷物語—

平成24年4月5日　第1刷

著　者　恵比須半蔵

発行人　山田有司

発行所　株式会社　彩図社《さいずしゃ》

〒170-0005 東京都豊島区南大塚3-29-9 中野ビル
TEL:03-5985-8213
FAX:03-5985-8224
郵便振替　00100-9-722068

印刷所　新灯印刷株式会社

URL：http://www.saiz.co.jp
http://saiz.co.jp/k（携帯）→

©2012. Hanzo Ebisu Printed in Japan ISBN978-4-88392-847-7 C0136
乱丁・落丁本はお取り替えいたします。（定価はカバーに表示してあります）
本書の無断複写・複製・転載・引用を堅く禁じます。
本書は2009年に小社より刊行した単行本を再編集の上、文庫化したものです。